우리가 꼭 알아야 할

지금 근현대사

글 큰★별쌤 최태성

랜선 제자만 700만 명, 역사 커뮤니케이터!

고교 시절 성적이 잘 나와서 역사를 잘하는 것으로 착각하고 사학과에 진학했다. 그러나 대학교 1학년 때 우연히 5·18 민주화 운동 영상을 보고 그동안 알고 있던 역사적 사실에 회의를 느끼게 되면서 다시 새로운 시선으로 역사를 공부하게 되었고, 그 후 지난 30년간 고등학교 역사 교사, 한국사 교과서 집필, TV 역사 프로그램 진행, 역사 강연 등의 활동을 하며 '역사란 무엇인가'라는 질문에 대한 답을 찾는 여정을 이어 왔다. 지금은 '역사란 사람을 만나는 인문학'임을 믿으며 과거의 시간과 사람에 대한 애정을 가슴에 담고 살아가고 있다.

- 전 대광고등학교 교사, EBS 한국사 대표 강사
- 유튜브 채널 '최태성 1TV', '최태성 2TV', '최태성 초등TV' 무료 강의 진행
- 사랑의열매 고액 기부자 모임 '아너 소사이어티' 회원 및 홍보대사
- KBS〈역사저널 그날〉, tvN STORY〈벌거벗은 한국사〉등 출연

그림 신진호

대학과 대학원에서 조형 예술을 공부하고 일러스트레이터로 활동하고 있다. 네이버 그라폴리오에〈심플라이프〉라는 제목으로 일상의 소중함과 인생의 아름다움을 담은 작품을 연재하고 있다. 그림을 그린 책으로《매화꽃 편지》,《선감학원의 비밀》,《우리는 벚꽃이야》,《여름맛》,《다와의 편지》,《창덕궁 꾀꼬리》,《뮤마의 오랜 밤》,《그냥 베티》등이 있다.

G grafolio.ogq.me/profile/신진호/projects　　instagram.com/sunnyshino

◆ 들어가며 ◆
우리는 역사에서 어떤 사람을 만나야 하나요?

'역사'는 과거에 있었던 사실을 기록한 것입니다. 그런데 여기에 한 가지를 더한다면, 역사는 '사람을 만나는 인문학'이라고 할 수 있어요.

인문학이 대체 무엇일까요? 인문학은 인간의 삶과 생각, 그리고 인간다움을 탐구하는 학문이에요. 역사 속에서는 과거를 살아간 수많은 사람들의 삶과 생각을 만날 수 있잖아요. 그런 의미에서 역사는 사람을 만나는 인문학인 것이지요.

우리 역사는 수천 년 동안 이어져 왔어요. 그 가운데 이 책에서 다루는 '근현대사'는 개항 이후부터 현재까지의 이야기예요.

근현대사에서 만나는 인물들은 길게는 백오십여 년 전, 짧게는 수십 년 전에 살았던 사람들이에요. 그들의 꿈과 희망은

우리가 살아가는 바로 이 시대를 만들어 냈습니다. 그래서 여러분이 지닌 고민의 실마리를 이 책에 등장하는 인물들 중에서 찾을 수 있을지도 몰라요. 이 책에서는 어려움 속에서도 꿈과 희망을 잃지 않았던 사람들의 이야기를 전하려 해요. 그들의 꿈을 만나며, 앞으로 우리가 어떤 미래를 그려야 할지 함께 생각해 볼 수 있으면 좋겠습니다.

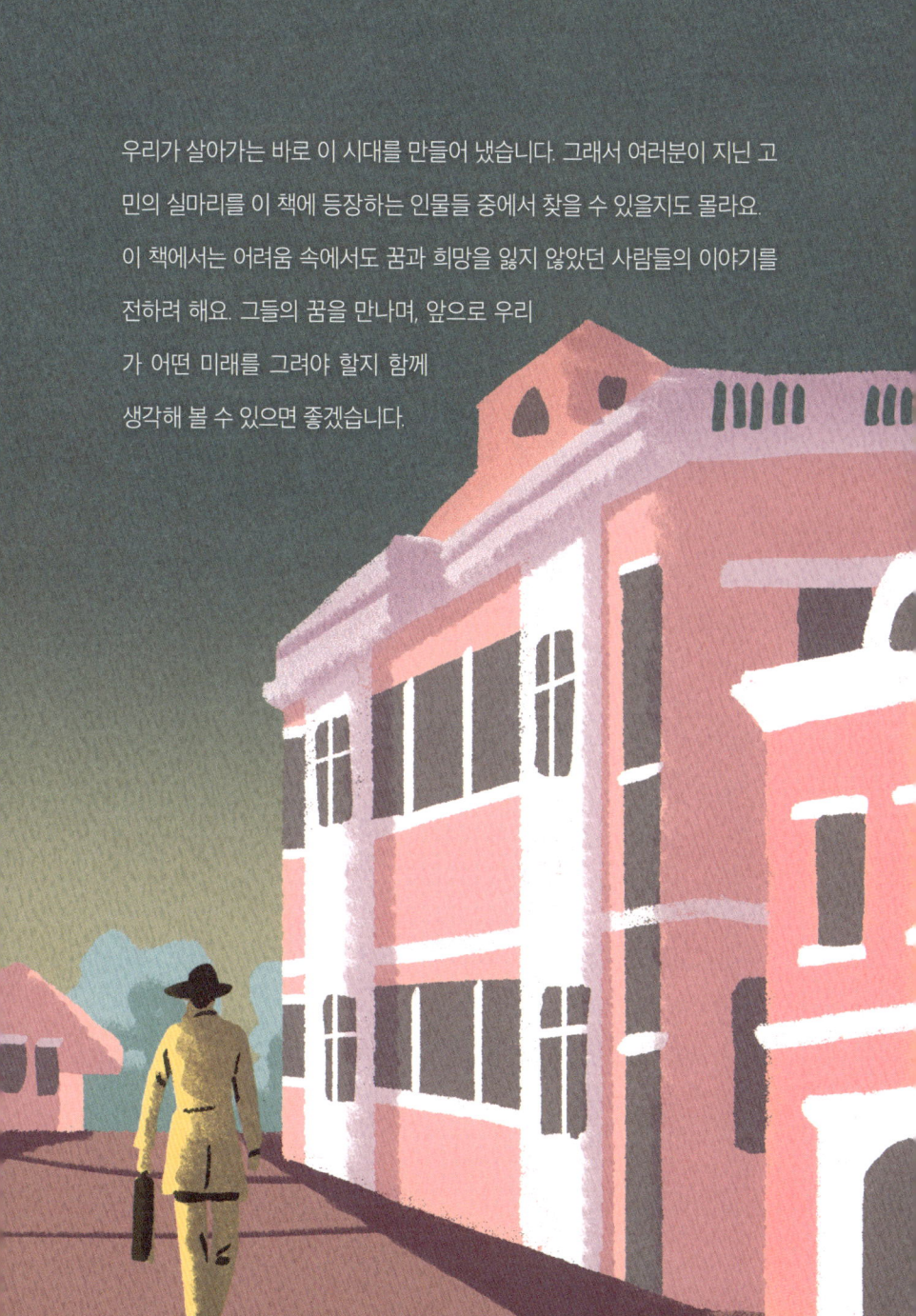

차례

근대

들어가며 × 04

1장 세상을 어떻게 좋은 곳으로 바꿀 수 있을까요? — 08
× 역사는 우리에게 희망을 준다

2장 성공하지 못하면 실패로 남을 뿐인가요? — 28
× 끝날 때까지 끝난 게 아니다

3장 광복절은 그냥 학교를 쉬는 날 아닌가요? — 48
× 반성하는 마음이 밝은 미래를 연다

4장 대한민국은 어떻게 시작되었나요? — 72
× 대한민국은 저절로 만들어지지 않았다

5장 만약 일제 강점기로 돌아간다면 나도 독립운동을 할 수 있을까요? — 92
× 역사는 뛰어난 사람들만의 이야기가 아니다

현대

6장 역사를 배우면 세상이 더 좋은 곳으로 변할까요? ——— 114
역사는 우리에게 소중한 가치를 알려 준다

7장 나도 역사를 위해 무언가를 할 수 있을까요? ——— 132
역사는 함께하는 사람들의 기록이다

8장 우리나라를 더 잘사는 나라로 만드는 방법이 있을까요? ——— 154
나라가 위기에 빠졌을 때 등장한 히어로는 '우리'였다

9장 우리는 어떤 과정을 거쳐서 지금처럼 살게 되었나요? ——— 176
미래를 만드는 주인공은 바로 나 자신이다

10장 우리는 왜 통일을 위해 노력해야 하나요? ——— 192
우리가 앞으로 걸어갈 길에는 끝이 없다

나가며 × 212

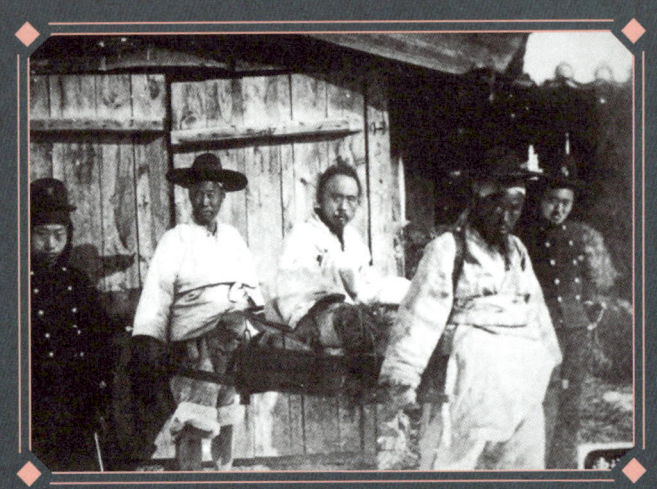

"백성은 나라의 근본*이다.
근본이 약해지면 나라도 망한다."

-

전봉준 (1855~1895)

* 근본: 무언가의 본질이나 본바탕.

1장

세상을 어떻게 좋은 곳으로
바꿀 수 있을까요?

　　　　　지금 우리 학교생활은 과거와는 많이 달라졌어요. 예전에는 학생들이 집에서 도시락을 싸 와서 점심을 먹었지만, 이제는 학교에서 따뜻한 급식이 나와요.

　수업 방식도 바뀌었어요. 예전에는 선생님이 칠판에 분필로 글씨를 쓰면서 수업을 진행했지만, 지금은 전자 칠판이나 모니터로 사진과 동영상을 보여 주기도 하지요. 컴퓨

터나 태블릿 컴퓨터로 공부하는 시간도 있고요.

이런 변화들이 아무런 이유 없이 갑자기 생겨난 것은 아니에요. "학생들이 보다 편하게 학교를 다니고, 재미있게 배울 방법이 없을까?" 하고 고민하며 새로운 방법을 생각하고, 제도를 바꿔 나간 누군가의 노력이 지금의 변화를 만들었습니다.

우리 역사에도 이런 노력을 했던 사람들이 있어요. 오늘 이야기할 급진 개화파와 동학 농민군이 바로 그런 사람들이지요. 급진 개화파는 낡은 제도를 바꾸고 서양의 새로운 기술과 생각을 받아들여 더 좋은 세상을 만들려 했어요. 동학 농민군은 신분 차별을 없애고 모두가 잘 사는 세상을 만들기 위해 싸웠지요.

오늘날 우리가 평등한 세상에서 자유롭게 공부하고 친구들과 어울릴 수 있는 것도 사실 그때부터 시작된 변화 덕분이에요. 급진 개화파와 동학 농민군이 심은 변화의 씨앗이 무엇이었는지, 지금부터 알아볼까요?

흥선 대원군의 정책은 옳았을까요?

 서양이 조선에 문을 열라고 요구하며 앞바다에 출몰하던 시기, 조선은 나라 안 문제도 제대로 해결하지 못한 채 점점 힘을 잃어 가고 있었어요. 조선이 갖고 있었던 문제는 '세도 정치'로 생겨난 것이었지요.

 세도 정치는 나라를 다스리는 왕의 힘이 약해지면서 시작되었어요. 강력한 왕권을 가지고 있던 정조가 갑작스럽게 세상을 떠났고, 다음으로 왕위를 이은 순조는 겨우 열한 살이었거든요.

 왕이 너무 어린 경우에는 왕실에서 가장 어른인 대비가 왕이 성장할 때까지 대신 나라를 다스리는데요. 이때를 틈타 대비 쪽 집안사람들이 권력을 움켜쥐게 되었습니다. 이들은 자기들끼리 높은 관직을 나눠서 차지했어요. 그러니 능력 있는 사람들이 관직에 나아가기는 점점 어려워졌지요.

이렇게 소수의 사람들이 권력을 독차지하면 사회는 올바른 방향으로 나아갈 수 없어요. 그들의 잘못을 비판하거나 막아설 사람이 아무도 없기 때문이에요.

세도 정치는 육십여 년 동안 이어졌습니다. 이 시기에는 돈을 받고 관직을 파는 일이 많아졌어요. 돈을 주고 관직을 산 사람은 뇌물로 쓴 돈을 되찾기 위해 백성들에게 세금을 뜯어냈지요.

당연히 세금은 점점 늘어나기만 했고, 이를 견디지 못해 도적이 되거나 떠돌이 생활을 하는 사람들이 생겨났어요. 참을 수 없었던 백성들은 곳곳에서 봉기를 일으켰지요. 대표적인 예가 홍경래의 난, 임술 농민 봉기입니다.

이러한 상황에서 철종이 죽고 고종이 왕위에 올랐어요. 나이가 어렸던 고종 대신 그의 아버지 흥선 대원군이 나라를 다스리게 되었습니다. 흥선 대원군은 왕권을 강화하고 백성들의 생활을 안정시키기 위해 노력했어요.

흥선 대원군은 우선 세도 가문 사람들이 모여 권력을 휘두르던 관청인 비변사를 폐지했어요. 그리고 엉망이 된 세금 제도도 손보았습니다.

원래 양반들은 군대에 갈 의무가 없었어요. 그러니 군대에 가는 대신 내는 세금인 군포도 낼 필요가 없었지요. 그런데 조선 후기에는 양반의 수가 늘어나면서 군포를 낼 사람이 줄어들게 되었습니다. 일반 백성들은 부족한 몫을 채우기 위해 더 많은 군포를 내야만 했어요.

그래서 흥선 대원군은 '호포제'를 실시해 양반들에게도 군포를 걷기 시작했습니다. 지금은 당연해 보이는 일이지만 양반이 지배층이던 신분제 사회에서는 결코 내리기 어려운 결정이었지요.

이렇듯 흥선 대원군은 기울어져 가는 나라를 되살리기 위해 열심히 노력했습니다. 또 어느 정도는 성과를 내기도 했고요. 문제는 노력의 방향이었어요.

흥선 대원군이 나라를 다스리던 시기에는 서양 세력을 통해 변화의 물결이 밀려오고 있었어요. 하지만 흥선 대원군은 그런 변화의 물결을 받아들이기보다 왕권을 강화하고 옛 조선의 영광을 되찾고자 노력했습니다. 그래서 서양과는

통상도, 수교도 하지 않겠다는 '통상 수교 거부 정책'을 펼쳤어요.

통상은 나라와 나라가 서로 물건을 사고파는 것을 말합니다. 수교는 나라와 나라가 외교 관계를 맺는 것을 말하지요. 흥선 대원군은 서양 세력의 침략을 막기 위해 통상과 수교 모두 받아들이지 않았던 거예요.

통상 수교 거부 정책을 추진하던 흥선 대원군은 천주교를 전파하러 온 프랑스 선교사와 천주교도들을 처형했습니다. 이 사건이 '병인박해'인데요. 이 사건으로 인해 프랑스군이 강화도를 공격하며 '병인양요'가 일어났습니다. 그 후에는 미국이 조선의 문을 열라고 요구하면서 '신미양요'가 일어났고요.

조선은 끝까지 저항했고, 프랑스군과 미군은 조선에서 물러갔어요. 하지만 그 과정에서 많은 사람이 목숨을 잃었습니다.

흥선 대원군은 신미양요를 겪은 후 나라 곳곳에 척화비

를 세웠어요. 척화비는 서양과의 교류를 거부한다는 내용이 새겨진 비석입니다. 실제로 흥선 대원군은 나라의 문을 더욱 굳게 걸어 잠갔어요. 그의 통상 수교 거부 정책은 서양의 침략을 잠시 막아 냈지만 결국 조선이 근대화에 뒤처지는

결과를 낳았다는 평가를 받아요. 역사는 새로운 변화를 받아들이며 계속해서 발전하는데 그 흐름을 놓치고 말았던 것이지요.

사람들은 조선을 어떤 나라로 바꾸려 했나요?

시간이 지나 흥선 대원군은 물러나고 고종이 직접 나라를 다스리기 시작했어요. 이때 서양의 기술과 문화를 받아들인 일본이 조선에 통상을 요구하며 강화도를 공격하는 사건이 일어났어요.

계속 나라의 문을 닫고 있을 수만은 없었던 조선은 일본과 강화도 조약을 맺고 나라의 문을 열었어요. 이를 외국과 통상할 수 있게 항구를 열었다고 해서 '개항'이라고 해요.

새로운 사상과 제도, 기술, 문화 등을 받아들이는 것을 '개화'라고 하는데요. 개항 이후에도 여전히 개화의 방향과

속도에 대해 사람들의 의견이 엇갈렸어요. 서양의 기술을 받아들여야 한다고 주장하는 사람도 있었고, 우리의 전통을 끝까지 지키며 서양에 맞서자는 주장을 펼치는 사람도 있었지요.

이때 청의 간섭에서 벗어나 제도와 문화 등 나라 전체를 개혁해야 한다고 주장한 사람들이 급진 개화파였어요. 그중 한 사람이 김옥균이었지요.

조선의 젊은 관리였던 김옥균은 어느 날 고종의 명령을 받고 일본에 사절단으로 갔습니다. 그곳에서 발전한 일본의 모습을 본 김옥균은 깜짝 놀랐어요. 이를 통해 그는 조선도 하루빨리 서양 문물을 받아들여야 한다고 생각하게 되었습니다.

짧은 시간 안에 빠른 변화를 원했던 김옥균과 급진 개화파는 일본의 지원을 받아 나라를 개혁하려 했어요. 그래서 '갑신정변'이라는 사건을 일으켜 정권을 장악하고 개혁을 밀어붙였습니다.

갑신정변 당시 급진 개화파가 내놓은 개혁안을 살펴보면

내용이 상당히 파격적이에요. 그들은 원래의 좋은 목적을 잃은 채 부정부패를 일삼는 정부 기관을 없애고, 신분제를 폐지해 평등한 사회를 만들자고 주장했어요. 그들 대부분이 신분제의 특권을 누리는 양반이었는데도 말이에요.

그렇지만 그들의 개혁은 겨우 삼 일 만에 실패로 끝납니다. 조선 정부가 청의 군대를 끌어들여 급진 개화파를 진압했거든요. 개혁에 실패한 김옥균을 비롯한 갑신정변 주도자들은 외국으로 도망쳤어요.

갑신정변은 일본의 힘을 빌려 무리하게 개혁을 시도했다는 점, 백성들의 지지를 얻지 못했다는 점에서 분명히 한계가 있었어요. 그래도 그들이 내놓은 개혁안에는 조선의 오랜 문제점을 꼬집는 주장들이 담겨 있었습니다.

특히 신분제를 폐지하고 평등한 세상을 만들려고 했다는 점에서 큰 의미가 있어요. 비록 급진 개화파는 그 시도의 결과로 죽임을 당하거나 외국으로 쫓겨 갔지만, 더 나은 세상을 만들겠다는 그들의 희망만큼은 없어지지 않았습니다.

백성들은 어떤 변화를 꿈꾸었나요?

갑신정변 때 급진 개화파가 뿌린 희망의 씨앗은 십 년 후 동학 농민 운동으로 이어져요. 동학은 최제우라는 사람이 만든 종교예요. 동학에서는 모든 사람이 귀한 존재이며, 사람이 곧 하늘이라고 가르쳤습니다. 힘들게 살아가는 백성들에게 동학의 가르침은 희망이었어요.

그러던 어느 날 전라도 고부 지역에서 동학 모임의 지도자 전봉준을 중심으로 농민들이 들고일어나는 사건이 벌어져요. 농민들이 고부 군수 조병갑의 횡포에 맞선 거였지요. 이것이 동학 농민 운동의 시작입니다.

동학 농민 운동에 참여했던 백성들이 외쳤던 주장은 갑신정변과 비슷한 점이 많았어요. 이들은 탐관오리와 나쁜 부자들에게 벌을 주고 노비 문서를 불태워 없애자고 주장했습니다. 신분 제도를 없애자는 뜻이었지요.

하지만 이들의 주장에는 양반들이 제시한 다른 개혁안에서는 찾아볼 수 없었던 내용이 들어 있었습니다. 바로 땅을 모두에게 골고루 나누어 주자는 내용이었어요. 백성들은 누구나 남의 땅이 아닌 자신의 땅에서 농사짓고 살기를 원했거든요. 동학 농민 운동에 참여한 사람들 대부분이 지배층의 수탈에 고통받던 농민이었기 때문에 사회의 근본적인 문제를 해결하고자 하는 개혁안을 만들 수 있었던 거예요.

이들은 새로운 세상을 꿈꾸며 관군에 맞섰어요. 놀랍게도 동학 농민군은 관군을 상대로 승리에 승리를 거듭했습니다. 결국 전라도에서 가장 중요한 성인 전주성까지 함락시켰지요.

위기를 느낀 조선 정부는 이번에도 스스로 문제를 해결하지 않고 청에 도움을 요청했습니다. 문제는 청이 조선에 군대를 보내자 일본도 군대를 보냈다는 거예요. 갑신정변 때 청과 일본은 조선에 군대를 보내게 되면 서로에게 미리 알려 주기로 약속한 적이 있었거든요.

이 소식을 들은 동학 농민군은 다른 나라 군대가 조선에 들어오는 상황만큼은 막아야 한다고 생각했어요. 그래서 스스로 물러나기로 결정했지요. 농민군이 제시한 개혁안을 들어주겠다는 조선 정부의 약속을 받고서 말이에요.

갑신정변과 동학 농민 운동은 그저 실패한 시도일 뿐인가요?

동학 농민군이 물러나자 청군과 일본군이 조선에 남아 있을 이유는 없어졌어요. 조선 정부는 청과 일본에 군대를 철수해 달라고 요청했지요. 그러나 일본은 이를 무시하고 경복궁을 점령한 뒤 청과 전쟁까지 일으켰습니다. 우리 땅에서 청과 일본이 싸우기 시작한 거예요.

전봉준과 동학 농민군은 다시 봉기를 일으켰어요. 이번에는 조선의 지배층이 아닌 조선을 차지하려는 일본군과 싸우기 위해 모였습니다. 우선 나라를 지켜야 그들이 꿈꾸는 새로운 세상도 이룰 수 있다고 믿었기 때문이지요.

그들이 향하는 길에 수많은 농민들이 너도나도 함께하겠다고 나섰어요. 산과 들이 농민군으로 가득 찼다고 할 정도였습니다.

동학 농민군이 다시 봉기했다는 소식을 들은 조선 정부는 군대를 보내 그들을 막으려 했어요. 일본군도 관군과 함께 진압에 나섰지요.

공주 우금치 고개에서 동학 농민군은 관군과 일본군을 상대로 치열한 전투를 벌였습니다. 비장한 각오로 나선 동학 농민군이었지만, 온갖 신식 무기로 무장한 일본군과 관군을 당해 낼 수는 없었어요. 이날 얼마나 많은 농민이 희생되었는지 일만 명이 넘던 농민군이 겨우 오백여 명만 남았다고 해요. 결국 전봉준 등 농민군 지도자들이 체포되거나 처형되면서 동학 농민 운동은 막을 내렸습니다.

이렇게만 보면 동학 농민 운동은 갑신정변과 마찬가지로 실패로 끝난 것처럼 보여요. 그렇지만 갑신정변과 동학 농민 운동은 그저 실패한 사건이 아니에요. 그들이 꾸었던 꿈은 사라지지 않았거든요.

동학 농민 운동이 일어난 것과 같은 해인 1894년, 조선 정부는 근대적 개혁을 추진했어요. 바로 갑오개혁이지요.

갑오개혁에서는 다양한 내용의 개혁안을 발표했는데요. 그중 하나가 신분제 폐지입니다. 양반, 중인, 상민, 천민으로 사람을 구분하던 신분제가 사라진 거예요. 물론 오랫동안 이어져 오던 신분 차별이 사람들 마음속에서 완전히 사라지기까지는 시간이 더 필요했지만, 법적으로는 신분제가 폐지된 것이지요.

또 과거 제도도 함께 폐지되었습니다. 과거 시험을 치를 수 있는 사람은 대부분 지배층인 양반이었어요. 그러나 과거 제도가 폐지되면서 누구나 능력만 있다면 관직에 오를 수 있는 길이 열렸습니다. 급진 개화파와 동학 농민군의 요구가 갑오개혁을 통해 이루어진 거예요.

✖ 큰별쌤 한마디 ✖
역사는 우리에게 희망을 준다

우금치 전투에 나설 때 동학 농민군은 옷 안쪽에 부적을 붙였다고 해요. 그 부적을 붙이면 총알이 피해 갈 거라면서 말이지요. 정말로 그렇게 믿었을까요? 아니요. 당연히 믿지 않았겠지요. 그런데 너무 무서우니까, 무서워서 한 걸음을 떼기도 어려우니까 부적을 붙이고서라도 전투에 나섰던 거예요. 그들은 그만큼 절실했습니다.

그렇다면 동학 농민군이 죽음을 무릅쓰고 우금치 전투에 나선 까닭은 무엇일까요? 그들에게 꿈이 있었기 때문이에요. 자신들은 쓰러져 죽더라도 자기 자식들만큼은 평등한 세상에서 살도록 하겠다는 꿈 말이에요. 그들은 그 꿈 하나로 총알이 쏟아져 내리는 우금치로 달려 나갔습니다.

　오늘날 우리가 살고 있는 사회에는 신분 제도가 없어요. 누구나 신분 차별 없이 평등한 대우를 받지요. 또 공무원이 될 수 있는 신분이 정해져 있지도 않습니다. 만약 공무원이나 정치인이 부정부패를 저지른다면 이를 감시하고 처벌할 법과 제도도 갖추어져 있지요.

　우리는 갑신정변과 동학 농민 운동을 일으켰던 사람들이 목숨을 걸면서까지 만들려 했던 세상에서 살고 있어요. 동학 농민군은 우금치를 넘지 못하고 쓰러졌지만, 그들의 희생은 헛되지 않았던 거예요.

여러분도 마치 실패한 것처럼 느껴지는 순간이 있을지도 몰라요. 그럴 때 역사를 떠올려 보세요. 실패로 보였던 일이 결국 더 나은 세상을 만드는 밑거름이 되었다는 사실을 알게 될 테니까요. 지금 당장은 힘들고 결과가 보이지 않아도, 희망을 잃지 않고 조금 더 멀리 바라보길 바랍니다.

갑신정변과 동학 농민 운동이 마침내 세상을 바꾼 것처럼, 여러분이 걸어가는 길이 옳다면 그 한 걸음 한 걸음이 분명 세상을 바꾸는 값진 의미로 남을 거랍니다.

"나는 천국에 가서도 마땅히
우리나라의 독립을 위해 힘쓸 것이다.
대한독립의 함성이 천국까지 들려오면
나는 마땅히 춤추며 만세를 부를 것이다."
-
안중근 (1879~1910)

2장

성공하지 못하면
실패로 남을 뿐인가요?

　　　　　여러분은 혹시 '윤치호'라는 사람에 대해 들어본 적이 있나요? 윤치호는 친일 반민족행위자로 등록된 인물입니다. 우리는 이들을 흔히 친일파라 불러요. 일제 강점기 일본의 식민 통치에 협력하면서 한국인을 통제하는 데 앞장선 사람들이지요.

　윤치호는 젊은 시절 민족 계몽 운동에 참여하고, 독립 협회나 신민회 같은 애국 단체에서 활발하게 활동하기도 했어요. 그러나 우리나라가 일본에 주권을 빼앗기고 식민지가 되자 그는 생각을 바꿔 친일파가 되었습니다.

윤치호는 일기를 무척 꾸준히 쓰던 사람이에요. 대한 제국 시기부터 일제 강점기까지 거의 육십 년 동안 일기를 썼지요. 그중 3·1 운동을 바라보며 쓴 윤치호의 일기가 남아 있는데, 거기에는 이런 운동을 벌여 봤자 독립을 이루기는커녕 현실만 고통스러워질 뿐이라는 내용이 담겨 있어요.

실제로 3·1 운동으로 우리 민족이 독립을 이루지는 못했습니다. 일본이 군대와 경찰을 동원해 3·1 운동을 무자비하게 진압했으니까요. 하지만 당장 독립을 이끌어 내지 못했더라도 3·1 운동은 우리 민족의 독립 의지를 세계에 널리 알리면서 이후의 독립운동에 크나큰 영향을 주었어요. 대한민국 임시 정부가 수립되는 계기 역시 3·1 운동으로 마련되었지요. 우리가 지금의 '대한민국'에서 살 수 있게 된 시작점이 바로 3·1 운동이에요.

우리는 흔히 결과가 좋지 않으면 실패라고 생각해요. 하지만 역사에서는 과정 자체가 큰 의미를 가지기도 합니다.

3·1 운동처럼 비록 당장 눈에 띄는 성과를 얻지 못했더라도 그 정신이 미래를 움직이는 힘이 되기도 하니까요.

이제 우리나라가 어떻게 주권을 빼앗기게 되었는지 그 과정을 살펴보기로 해요. 우리는 그 속에서 수많은 '실패'를 만나게 될 것입니다. 그 실패들이 지금의 우리에게 어떤 의미를 남겨 주었는지 생각하며 그 과정을 따라가 봅시다.

조선은 왜 갑자기 황제의 나라임을 선포했나요?

조선 말에 접어들면서 우리나라는 거센 소용돌이에 휘말렸습니다. 청, 일본, 러시아가 한반도를 둘러싸고 세력 다툼을 벌였거든요. 나라의 운명은 바람 앞의 등불처럼 위태로웠지요.

특히 일본은 조선을 발판 삼아 아시아 전체로 세력을 넓히려는 욕심을 품고 있었어요. 그래서 조선에 군사를 주둔시키고 조선의 정치에 간섭하는 등 점점 영향력을 키워 갔습니다.

이때 일본의 욕심을 이루는 데 청은 큰 걸림돌이었어요. 전통적으로 조선은 청의 영향력 아래 있었거든요. 청을 누르고 조선을 차지할 기회를 호시탐탐 노리던 일본은 청과 전쟁을 벌였습니다. 이 전쟁이 청일 전쟁이에요.

일본은 청일 전쟁에서 승리를 거뒀어요. 기세등등해진 일본은 조선에 대한 간섭을 본격화합니다. 그러던 1895년 8월 20일 새벽, 아주 끔찍한 사건이 벌어졌어요. 이 사건을 일으킨 일본이 붙인 작전명은 '여우 사냥'이었습니다. 바로 고종의 왕비였던 명성 황후를 시해하는 만행을 저지른 거예요.

당시 조선 정부는 러시아와 가까운 관계를 유지하며 일본의

세력 확장을 견제하고 있었어요. 일본은 그러한 정책을 주도하는 인물이 명성 황후라고 생각했지요. 일본 입장에서는 명성 황후가 눈엣가시였습니다. 결국 일본은 자객을 보내 궁궐 안에서 명성 황후를 잔인하게 죽였어요. 이 사건은 을미년에 일어난 사건이라서 '을미사변'이라고 불러요.

을미사변은 조선 백성에게 큰 충격을 안겼습니다. 고종 역시 자신에게도 똑같은 일이 벌어질 수 있다는 두려움 때문에 하루하루를 공포와 불안 속에서 보내야 했지요. 결국 고종은 일본의 감시와 위협을 피해 러시아 공사관으로 몸을 피했습니다. 당시 사람들은 러시아 공사관을 '아관'이라 불렀기 때문에, 이 일을 '아관 파천'이라고 부릅니다.

고종은 그곳에서 러시아와 가까운 관리들로 정부를 새로 구성하고 일본의 간섭에서 벗어나려 했어요. 하지만 큰 대가를 치러야 했지요. 러시아 역시 조선을 도와주면서 자신들의 이익을 챙기려는 속셈이 있었거든요. 조선은 러시아의 보호를 받는 대가로 철도, 광산, 산림 개발 등 여러 경제적 이권을 내어 주어야만 했어요.

고종은 궁궐로 돌아가야 한다는 사람들의 목소리가 높아지자 아관 파천을 단행한 지 약 일 년 만에 경운궁(지금의 덕수궁)으로 돌아왔습니다.

그 후 고종은 나라 이름을 '대한 제국'으로 바꾸며 황제 자리에 올랐어요. 왕의 나라에서 황제의 나라가 된 거지요. 대한 제국이 다른 어떤 나라에도 지배당하지 않는 독립 국가라는 사실을 전 세계에 알리려고 한 거예요.

고종은 연호를 '광무'로 정하고 개혁을 추진했어요. 군사력을 강화하고, 금융 회사 같은 근대적 회사들을 세웠습니다. 외국에 유학생을 보내 신기술과 학문을 들여오기도 했고, 근대적 토지 소유 문서인 지계도 발급했어요.

하지만 대한 제국은 곧바로 위기를 맞이했습니다. 청일 전쟁의 승리로 자신감을 얻은 일본이 러시아와도 전쟁을 벌였거든요. 한반도에서 러시아의 영향력을 완전히 없애고 대한 제국을 장악하기 위해서였지요.

나라의 외교권을 빼앗긴다는 것이 어떤 의미인가요?

러일 전쟁은 일본의 승리로 막을 내렸어요. 일본은 러시아와 '포츠머스 조약'을 맺었습니다.

포츠머스 조약은 대한 제국의 정치, 군사, 경제적 이익을 일본이 갖는다는 것과 대한 제국에 필요한 지도, 보호 및 감독 권한이 일본에 있다는 내용을 담고 있었어요. 놀랍게도 대한 제국의 의지와는 전혀 상관없이, 러시아와 일본 두 나라가 이러한 내용을 결정해 버린 거예요.

전쟁에서 승리하고 기세가 오른 일본은 대한 제국의 외교권을 빼앗는 '을사늑약'을 강제로 체결했습니다. 늑약은 강제로 맺어진 조약이라는 뜻이에요. 일본은 이 조약을 맺기 위해 한국에 이토 히로부미라는 관리를 보냈어요.

을사늑약을 체결하는 날, 이토 히로부미는 총과 칼을 찬 일본 군인을 앞세워 궁궐에 들이닥쳤습니다. 이토 히로부미

는 을사늑약에 반대하는 대신들을 협박하고 가두기까지 했어요.

결국 이완용을 비롯한 다섯 명의 관리가 조약 체결에 동의하면서 일본은 대한 제국의 외교권을 빼앗아 갔습니다. 일본이 대한 제국 황제인 고종의 동의와 승인 없이 무력을 앞세워 불법 조약을 체결한 거예요.

외교권은 한 나라가 다른 나라와의 관계를 스스로 판단하고 결정할 수 있는 가장 기본적이고 중요한 권리예요. 그런데 일본이 우리나라의 외교권을 대신하게 되었다는 것은 우리 스스로 다른 나라와 대화하거나 결정을 내릴 수 없게 되었다는 뜻이에요. 국제 사회에서 독립 국가로 인정받지 못하게 되는 것이지요.

당시에는 힘센 나라가 약한 나라를 침략해 식민지로 삼는 것이 흔한 일이었어요. 을사늑약이 체결되면서 대한 제국은 자기 목소리를 낼 수 있는 권리를 잃었습니다. 식민지라는 어둠 속으로 들어서는 문턱에 선 순간이었지요.

을사늑약에는 '통감부'를 설치한다는 내용도 포함되어

있었어요. 통감부를 통해 대한 제국의 정치에 깊이 간섭하고자 한 것이지요.

일본은 이토 히로부미를 초대 통감으로 임명하면서 대한 제국을 더 짙은 어둠 속으로 밀어 넣었습니다. 하지만 어둠 속에서도 꺼지지 않고 타오르던 불씨들이 있었어요. 이제 그 희망을 지켜 냈던 사람들의 이야기를 따라가 봅시다.

●

우리가 아직도 그들을
기억해야 하는 이유는 무엇인가요?

을사늑약 체결 소식이 퍼지자 국민들은 큰 충격과 분노에 휩싸였습니다. 사회 각계각층에서 다양한 방식으로 저항이 이어졌어요.

을사늑약 체결을 주도한 친일파 이완용, 이근택, 이지용, 박제순, 권중현에게는 '매국노', '을사오적'이라는 꼬리표가 붙었어요. 이들을 처단하겠다고 나선 사람들이 있었습니다.

대표적인 인물로 나철, 오기호가 있어요. 이들은 '오적 암살단'을 조직해서 실제로 행동에 나섰지만, 실패로 끝나 그들에게 상처를 입히는 데 그치고 말았어요. 그러나 이들의 행동은 우리 국민의 분노가 얼마나 컸는지 보여 주는 상징적인 사건이었죠.

고위 관리였던 민영환은 끝까지 조약 체결에 반대하다가 자결하고 말았어요. 언론도 침묵하지 않았습니다. 《황성신문》의 장지연은 〈시일야방성대곡〉이라는 글을 실어 을사늑약을 비판했고, 이 일로 감옥에 갇히기도 했어요. 〈시일야방성대곡〉은 '이날에 목 놓아 크게 운다'라는 뜻으로 황제의 승인 없이 체결된 조약의 부당함을 알리고 이토 히로부미와 나라를 팔아먹은 대한 제국 대신들을 강하게 비판하는 글이었어요.

고종 또한 외교적인 방법으로 조약의 무효화를 시도합니다. 네덜란드 헤이그에서 열리는 만국 평화 회의에 이준, 이상설, 이위종 세 사람을 비밀리에 파견해서 대한 제국의 상황을 국제 사회에 알리려고 했지요.

일본의 방해 때문에 회의에 참석하지는 못했지만, 세 사람은 해외 언론을 통해 세계에 우리 상황을 알리는 데 힘썼습니다. 이 사실을 알게 된 일본은 크게 분노해 고종을 황제 자리에서 내쫓고 그의 아들 순종을 새 황제로 즉위시켰어요. 이어서 대한 제국 군대를 강제로 해산시켰지요.

이러한 상황에서 일본에 저항하는 의병 활동이 활발하게 일어났습니다. 을사늑약 체결 이후, 전국적으로 의병이 일어났는데 이를 '을사의병'이라고 해요. 신돌석, 민종식, 최익현 같은 인물이 을사의병의 대표적인 의병장이었지요. 이들은 제대로 된 훈련도 받지 못했고 무기도 부족했지만, 나라를 되찾기 위해 일본에 맞서 싸웠습니다.

이후 고종이 강제로 황제 자리에서 물러나고 군대가 해산되자 군인들이 의병 활동에 참여하면서 '정미의병'이 일어납니다. 제대로 훈련받은 군인들이 모여들자 의병은 더욱 강한 전투력을 갖출 수 있었어요. 전국의 의병 부대가 연합해 수도로 진격하는 '서울 진공 작전'을 펼치기도 했습니다. 이 작전은 일본의 공격에 패하며 실패로 돌아갔어요. 하지만 의병들은 포기하지 않고 전국 각지에서 끈질기게 투쟁을 이어 나갔지요.

한편 교육을 통해 민족의식을 기르려 했던 민족 지도자들도 있었어요. 그들은 학교를 세우고 인재를 길러 국권 회복 운동을 펼쳤습니다.

언론인들도 신문과 잡지를 발행하여 많은 사람에게 일본의 만행을 알렸어요. 《대한매일신보》는 영국인 베델이 편집을 맡아 비교적 일본의 검열에서 자유로웠는데요. 대한 제국의 국권을 침탈하는 일본을 비판하고 항일 의병 투쟁 기사를 많이 실었어요.

경제적으로 나라를 구하고자 하는 운동도 일어났어요. 대표적으로 일본이 강제로 지운 빚을 국민의 힘으로 갚고 경제적으로 독립하자는 취지로 일어난 국채 보상 운동이 있었지요. 이 운동은 《대한매일신보》 등 언론이 지원하면서 전국적으로 확대되었습니다. 그러나 이 역시 일본 통감부의 방해로 중단되고 말았어요.

이처럼 우리의 국권을 지키기 위해 수많은 이들이 각자

의 자리에서, 저마다의 방식으로 저항했어요. 많은 노력이 실패로 끝났고, 목숨을 잃은 이도 있었습니다. 하지만 이 실패가 끝은 아니었어요. 헛되지도 않았고요. 포기하지 않았던 그들의 저항은 나라를 지키기 위한 더 큰 용기의 씨앗이 되었기 때문이에요.

안중근은 어떻게 침략의 원흉 이토 히로부미를 저격할 수 있었나요?

수많은 실패에도 불구하고 나라를 지키기 위해 목숨을 걸고 싸우는 사람이 계속해서 나타났습니다. 그중 하나가 바로 안중근 의사예요. 그는 을사늑약을 강제로 체결한 이토 히로부미를 총으로 처단했습니다.

안중근은 어릴 때부터 나라를 위한 활동에 관심이 많았어요. 천주교 신자였던 아버지의 영향을 받아 교육을 중심으로 한 계몽 운동을 펼쳤지요. 하지만 을사늑약이 체결되면서 우리나라가 외교권을 빼앗기고 사실상 일본의 지배 아래 놓이자 안중근의 활동에도 변화가 생겼습니다.

　안중근은 나라의 힘을 기르기 위해 교육 사업과 광산 개발 등에 힘을 썼지만, 일본의 방해로 그 활동들을 더는 이어갈 수 없었어요. 결국 그는 독립운동의 방향을 바꾸기로 했습니다. 안중근은 고향을 떠나 간도를 거쳐 러시아 땅인 연해주로 향했어요. 당시 연해주는 많은 독립운동가가 활동하던 곳이었거든요.

　그곳에서 안중근은 무장을 갖추고 일본군에 맞서 싸우는 의병 부대 대장이 되었습니다. 처음에는 몇 차례 전투에서 승리하기도 했지만, 포로를 국제법에 따라 풀어 준 탓에 부대의 위치가 노출되어 큰 피해를 입고 말았어요. 하지만 그는 실패에 좌절하지 않고 다시 새로운 길을 찾았습니다.

　연해주로 돌아온 안중근은 뜻을 함께할 사람들을 찾았고, 열한 명의 독립운동가가 모였어요. 그들은 '대한독립'을 맹세하며 손가락 한 마디를 끊었습니다. 그만큼 간절하고 굳은 의지를 지녔던 거예요.

마침내 결정적인 기회가 찾아왔어요. 이토 히로부미가 하얼빈에 온다는 정보를 입수한 거예요. 안중근은 권총을 챙겨 하얼빈역으로 향했습니다. 역에는 이토 히로부미를 맞이하러 모인 사람들이 가득했어요. 열차에서 내려 이동하는 이토 히로부미를 발견한 순간, 안중근은 총을 쏘았습니다. 이토 히로부미는 현장에서 쓰러져 목숨을 잃었어요.

체포된 안중근은 이후 판사, 검사, 변호사, 통역사까지 모두 일본 사람으로만 채워진 법정에서 여섯 번의 재판을 받았어요. 그렇지만 안중근은 당당했습니다. 왜 이토 히로부미를 처단했는지, 일본의 침략이 어떤 피해를 주고 있는지 끝까지 자기 생각을 밝혔어요.

안중근은 사형을 선고받고 우리나라가 일본에 완전히 병합되기 직전 세상을 떠났습니다. 하지만 그가 남긴 외침, "코레아 우라(한국 만세)"는 독립과 평화를 향한 간절한 염원이었어요.

✖ 큰별쌤 한마디 ✖
끝날 때까지 끝난 게 아니다

조선 말기부터 일제 강점기까지 우리 민족은 칠흑같이 어둡고 아픈 시간을 보냈어요. 절망스러운 상황에서도 사람들은 포기하지 않았습니다. 나라 안팎에서 다양한 방식으로 끈질기게 저항했지요.

혹시 일제 강점기 독립운동과 관련된 내용을 배운 적이 있나요? 정말 많은 인물과 단체가 나와서 "이걸 어떻게 다 기억해?" 하며 놀랐을지도 몰라요. 하지만 그 말은 그만큼 많은 사람이 각자의 자리에서 나라를 지키기 위해 싸웠다는 뜻이기도 합니다.

안중근은 이토 히로부미를 처단한 뒤 사형을 선고받았지만, 그의 용기는 다른 이들에게도 큰 울림을 주었습니다. 그렇게 이어진 독립운동은 3·1 운동과 같은 만세 운동, 무장 투쟁, 교육과 문화 운동 등 여러 모습으로 계속됐습니다.

마침내 1945년 8월 15일, 우리는 광복을 맞이했습니다. 이날은 나라를 되찾은 날이자, 오랜 시간 이어진 노력과 희생이 열매를 맺은 날이기도 해요. 지금의 대한민국은 그 어두웠던 시대를 치열하게 버틴 사람들의 의지가 단단히 쌓여 만들어졌습니다.

우리 독립운동의 역사는 수많은 실패가 쌓여서 만들어졌어요. 하나하나는 실패였으나, 그 실패가 모여 자유롭게 살 수 있는 오늘을 만들어 냈고, 지금 우리 사회를 떠받치고 있지요.

역사는 계속해서 흘러가요. 나라를 빼앗겼던 시간이 우리 역사의 끝은 아니었듯이 말이에요. 실패와 좌절 속에서도 포기하지 않았던 사람들의 의지가 우리 역사를 지금까지 이어지게 했습니다. 그리고 앞으로도 뜨거운 의지를 담은 여러분의 작은 노력의 씨앗이 언젠가 아름다운 꽃을 피울 거예요.

"죽는 날까지 하늘을 우러러
한 점 부끄럼이 없기를,
잎새에 이는 바람에도
나는 괴로워했다."

-

윤동주 (1917~1945)

3장

광복절은 그냥
학교를 쉬는 날 아닌가요?

여러분은 8월 15일이 무슨 날인지 기억하나요? 광복절! 맞습니다. 광복은 '빛을 되찾다'라는 의미예요. 어두웠던 시기인 일제 강점기에서 벗어나 빛을 되찾은 날이라는 뜻이지요. 특히 2025년 8월 15일은 광복을 맞이한 지 80주년이 되는 날이에요. 광복절이 되면 전국 곳곳에서 우리나라의 독립을 기념하는 많은 행사가 열리고, 사람들이 모여 광복의 기쁨을 나눌 거예요.

그렇다면 여러분은 우리나라가 일본에 나라의 권리를 빼앗겼던 날이 언제인지도 기억하고 있나요? 아마 대부분 광복절은 알아도, 우리나라를 빼앗긴 날은 기억하지 못할 거예요.

역사에는 기쁘고 자랑스러운 일만 기록되어 있는 것이 아니에요. 가슴 아프고 지우고 싶은 일들도 함께 담겨 있지요. 그래서 우리 역사를 제대로 알기 위해서는 나라를 잃어버린 날도 기억해야 합니다.

일본이 대한 제국의 권리를 완전히 빼앗은 날은 1910년 8월 29일이에요. 이날을 '경술국치'라고 부릅니다. 경술년인 1910년에 일어난 나라의 치욕스러운 사건이라는 뜻이에요.

지금 대한민국을 살아가는 우리에게는 나라를 잃었다는 것이 어떤 일인지 와닿지 않을 수도 있어요. 만약 지금도 일본에 나라를 빼앗긴 상태라면 어떨까요? 일단 세계 지도를 펼쳤을 때 한국 땅이 일본 땅으로 표기될 거예요. 우리 집 주소 앞에는 '대한민국' 대신 '일본'을 적어야 하겠지요.

그 밖에도 우리가 당연하게 여기는 많은 일을 하지 못하게 됩니다. 마음대로 우리말을 쓰지도 못하고, 우리 역사를 공부하는 일도 금지될 수 있어요.

역사를 기억하는 것은 단지 날짜를 외우는 일이 아니에요. 그 시대를 살았던 사람들의 모습을 들여다보는 것이지요. 잠시 경술국치를 경험했던 사람이 되어 숨 막히게 답답했던 그날의 아픔을 느낄 수 있었으면 좋겠습니다.

나라를 빼앗겼던 날을 기억해야 지금 우리가 누리는 자유와 평화가 얼마나 소중한지도 알 수 있어요. 그것이 바로 우리가 경술국치를 기억해야 하는 이유입니다.

●
일본은 우리나라를 어떤 식으로 지배했나요?

1910년 경술국치 이후 일본은 총과 칼을 앞세워 한국 사람들을 억누르려 했어요. 그런 지배 방식을 '무단 통치'라고 합니다. 무섭게 다스리면 말을 잘 들을 줄 알았던 거예요.

일본은 군인을 위한 특수 경찰인 '헌병 경찰'을 잔뜩 배치해 군인이 아닌 일반인까지 통제하려 했어요. 총과 칼을 지닌 헌병 경찰은 한국인이 사소한 잘못을 저질러도 즉시 처벌했습니다. 이때 한국인에게는 제대로 된 재판을 받을 권리조차 주어지지 않았어요. 그리고 일본은 '조선 태형령'이라는 법을 만들어 잘못을 저지른 한국인을 몽둥이로 때리는 태형이라는 형벌을 내렸습니다. 이 법은 오직 한국인에게만 적용되었지요.

일본의 무단 통치는 여러분 같은 어린 학생들에게도 예외가 없었습니다. 학교에 가면 제복을 입고 허리춤에 칼을 찬 선생님이 학생들을 가르쳤어요. 어려서부터 일본의 무서움을 알려 줘서 고분고분한 식민지 국민으로 만들려 했던 거예요.

과연 이러한 무단 통치는 효과가 있었을까요? 일본이 바라는 대로 한국 사람들이 말을 잘 듣게 되었을까요?

그렇지 않았습니다. 1919년 우리 민족은 3·1 운동을 통해 독립에 대한 강한 의지를 보여 주었어요. 힘으로 찍어 누르면 가만히 있을 줄 알았던 한국 사람들이 다 함께 손을 잡고 일어선 거예요.

그래서 3·1 운동 이후 1920년대가 되면 일본의 태도가 돌변해요. 일본은 이제부터 한국 사람을 차별하지 않고 너희들의 문화를 발전시키도록 도와주겠다고 말했습니다. 이렇게 달라진 일본의 통치 방식을 이른바 '문화 통치'라고 불러요. 과연 이 말을 곧이곧대로 믿어도 되는 거였을까요?

일본은 우선 무단 통치의 상징이었던 헌병 경찰을 보통 경찰로 바꾸겠다고 했어요. 조선 태형령도 폐지했지요. 하지만 일본은 실제로는 경찰의 숫자를 네 배나 늘리면서 오히려 한국인에 대한 감시를 강화했어요. 독립운동가를 잡아내기 위해 '치안 유지법'이라는 법을 새로 만들었고요.

또한 일본은 자신들의 앞잡이 노릇을 할 친일파를 길러 우리 민족을 분열시키려 했어요. 3·1 운동을 겪으면서 우리 민족이 힘을 모으면 무섭다는 사실을 깨달았기 때문이지요. 말만 '문화 통치'였지 사실은 민족 분열 정책이었던 거예요.

일본이 우리 민족을 없애려 했다고요?

1930년대가 되면 일본이 주변 국가들과 전쟁을 벌이기 시작해요. 일본은 1931년 만주 사변을 일으켜 만주를 공격했고, 1937년에는 중일 전쟁을 일으켰습니다.

만주를 차지하고 중국과의 전투에서도 계속해서 승리한 일본은 마침내 전 세계를 대상으로 침략 전쟁을 벌일 결심을 했습니다. 그러나 일본의 욕심이 커져 갈수록 우리 민족은 더 큰 고통에 시달렸어요. 일본이 거대한 규모의 전쟁을 치르기 위해 한국 사람들을 동원했거든요.

일본은 한국 사람들을 전쟁에 쉽게 동원하기 위해 사람들의 머릿속을 완전히 바꾸려 했어요. 마치 일본 사람인 것처럼 일본에 충성을 다하게 만들려고 했지요. 이를 위해 1930년대 이후 일본이 선택한 식민 통치 방식이 바로 '민족 말살 통치'입니다. 우리 민족의 뿌리와 정체성을 완전히 없애 버리는 통치 방식이었지요.

　일본은 '황국 신민의 서사'라는 맹세문을 한국 사람들에게 외우도록 강요했습니다. 여기에는 일왕에게 충성을 다하겠다는 내용이 담겨 있었지요. 외우지 못하면 큰 벌을 받아야 했어요.

　그리고 학교에서는 모든 수업을 일본어로 진행했습니다.

한국어 사용을 엄격히 금지하고 우리 역사도 배우지 못하게 했어요.

그것으로도 모자랐는지, 일본은 한국 사람들의 이름까지 일본식으로 바꾸라고 강요했습니다. 이것을 '창씨개명'이라고 불러요. 한국인들은 부모님이 지어 주신 소중한 이름조차 쓸 수 없게 되었습니다.

당연히 많은 사람들이 창씨개명에 반발했어요. 하지만 일본은 이름을 바꾸지 않으면 학교에 다니지도, 공무원이 되지도 못하게 만드는 등 일상생활을 어렵게 만들었습니다. 결국 많은 사람들이 어쩔 수 없이 일본식 이름을 사용해야만 했지요.

나중에 일본은 전쟁이 자신들에게 불리해지자 전쟁에 필요한 모든 것을 한국에서 탈탈 털어 갔습니다. 식량이나 돈을 걷어 가는 것은 물론이고, 무기를 만들 쇠붙이가 필요하다며 집에서 사용하는 그릇이나 수저까지 가져갔어요.

또 일본은 한국 노동자들을 광산, 공장, 비행장 등에 데려가 강제로 일하게 했어요. 한국 여성들은 일본군 '위안부'로 끌려가 끔찍한 삶을 강요당했습니다. 일본은 어린 학생들과 청년들을 강제로 군인으로 만들어 전쟁터에서 목숨을 잃게 만들기도 했지요.

그런데 이토록 폭력적인 통치를 펼치는 일본에 맞서기는커녕 오히려 이를 지지한 한국인도 있었어요. 그중 대표적인 인물이 바로 서정주입니다.

왜 한국 사람이
일본 편을 들었을까요?

서정주는 우리나라 문학의 역사를 이야기할 때 **빼놓을** 수 없는 인물이에요. 그만큼 우리말의 아름다움과 우리 민족의 마음을 잘 담아낸 시를 짓는 것으로 유명했습니다. 그는 젊은 시절부터 한국의 3대 천재 시인 중 하나로 불리기도 했어요.

물론 서정주 역시 한때는 일본의 식민 지배에 맞서며 독립운동을 지지하기도 했습니다. 그러나 유명해진 뒤 그의 삶은 훌륭하지 못했어요.

서정주가 시인으로 한창 활동할 당시 일본은 민족 말살 통치를 펼치고 있었습니다. 그는 자신이 가진 글솜씨를 이용해 일본을 비판할 수도 있었을 거예요. 그렇지만 서정주는 자신의 힘을 잘못된 방식으로 사용하기 시작했습니다.

우선 서정주는 일본이 창씨개명을 명령하자 곧바로 자신

의 이름을 '다쓰시로 시즈오'라는 일본식 이름으로 바꿨어요. 그리고 신문과 잡지에 일본의 통치를 아릅답게 포장하는 시를 여러 차례 발표했습니다. 자신의 재능을 일본의 식민 통치를 찬양하고, 일본의 행동이 정당하다고 주장하는 데 사용한 것이지요.

더욱 안타까운 점은 그가 한국 사람을 '가미카제'로 동원하는 데 앞장섰다는 사실이에요. 가미카제는 일본의 자살 특공대입니다. 비행기 조종사가 비행기를 몰고 상대편 배를 들이받는 임무를 맡았어요. 당연히 비행기 조종사는 목숨을 잃을 수밖에 없겠지요.

한국인들도 가미카제로 끌려가 목숨을 잃었습니다. 그런데 이때 서정주는 〈오장 마쓰이 송가〉와 같은 친일 시를 써서 일본을 위해 기꺼이 목숨을 바치라고 독려하며 한국인 젊은이들을 전쟁터로 내몰았어요.

그는 〈스무살 된 벗에게〉라는 글에서 한국 사람의 피는 일왕의 것이며, 일본을 위해 목숨을 바치는 것이 현명한 일이라고도 했어요.

광복이 되자 서정주는 자신의 친일 행위가 어쩔 수 없는 일이었다고 변명했어요. 그는 일본의 지배가 수백 년 이상 이어질 줄 알았다며, 한국 사람 대부분이 자신과 같은 생각을 가졌을 거라고 말하기도 했습니다.

말과 글로도 일본에 맞서는 독립운동을 할 수 있다고요?

서정주와는 달리 자신의 행동을 돌아보며 끊임없이 반성했던 시인도 있습니다. 일제 강점기를 살아가면서 치열하게 고민한 흔적을 자신의 시에 담아낸 시인, 바로 윤동주입니다.

윤동주의 시를 읽다 보면 반복해서 등장하는 단어가 있습니다. 바로 '부끄러움'이에요. 대체 그는 무엇이 그렇게 부끄러웠던 걸까요?

일본이 민족 말살 통치를 펼치던 때, 학생이었던 윤동주는 일본으로 유학을 갔습니다. 그때 윤동주는 '히라누마 도주'라는 일본 이름을 사용했어요. 일본식 이름을 사용하지 않으면 학교에 들어갈 수조차 없었거든요.

하지만 윤동주는 서정주와 달리 자신의 이러한 선택을 '어쩔 수 없었다'라는 말로 정당화하지 않았습니다. 그의 시 〈별 헤는 밤〉을 보면 이런 구절이 나와요.

나는 무엇인지 그리워
이 많은 별빛이 내린 언덕 위에
내 이름자를 써 보고
흙으로 덮어 버리었습니다.

딴은 밤을 새워 우는 벌레는
부끄러운 이름을 슬퍼하는 까닭입니다.

그러나 겨울이 지나고 나의 별에도 봄이 오면
무덤 위에 파란 잔디가 피어나듯이

내 이름자 묻힌 언덕 위에도
자랑처럼 풀이 무성할 거외다.

자신의 진짜 이름을 사용할 수 없었던 일제 강점기, 〈별 헤는 밤〉에 등장하는 사람은 무덤가에 자신의 이름을 썼다가 흙으로 덮어 버리고 말았습니다. 일본식 이름을 지었다는 것에 끝없이 부끄러워하고 아파했던 윤동주의 마음이 잘 드러나지요.

하지만 윤동주는 부끄러움을 느끼는 데서 그치지 않았습니다. 그는 자신을 부끄럽게 만드는 상황을 바로잡기 위해 최선을 다해 노력했어요.

일본 유학 생활 중 윤동주는 한국인 유학생 모임을 만들어 나라의 독립과 발전에 대해 끊임없이 이야기를 나눴습니다. 그러던 중 일본 경찰에 체포되고 말았어요.

일본 재판정에 서야 하는 두려운 상황에서도 윤동주는 담담했어요. 그를 조사한 문서와 판결문 곳곳에는 우리 민족의 독립을 원한다는 윤동주의 생각이 분명하게 드러나 있습니다.

그로부터 일 년 뒤 윤동주는 감옥에서 원인을 알 수 없는 죽음을 맞이해요. 그의 나이는 고작 스물일곱이었습니다.

많은 친구들이 거리로 뛰어나가 폭탄을 던진 이들만 독립운동가로 기억하기 쉬워요. 그렇지만 글, 그림, 음악, 영화 같은 예술 작품에 독립을 바라는 마음을 담아내는 것 역시 독립운동의 일부였습니다. 아름다운 예술 작품에는 사람들의 마음을 감동시켜 움직이는 힘이 있기 때문이에요.

윤동주는 일제 강점기를 살아가는 사람들이 얼마나 괴롭고 힘든지 시를 써서 표현했습니다. 그의 시는 일제 강점기를 넘어 오늘날까지도 사람들에게 깊은 울림을 주고 있어요. 그는 총과 칼 대신 말과 글로 싸운 독립운동가였습니다.

✗ 큰별쌤 한마디 ✗
반성하는 마음이 밝은 미래를 연다

일제 강점기를 흔히 절망의 시기라고 말해요. 그만큼 어둡고 힘겨운 시기였습니다. 일본은 우리나라를 지배하면서 갖은 방법을 사용해 우리 민족을 억압했어요. 마지막에는 우리 민족 자체를 없애 버리려고 했지요. 그 과정에서 자신의 마음을 지키며 흔들리지 않는다는 것은 정말 어려웠을 거예요.

윤동주의 또 다른 시 〈서시〉에는 그의 이런 마음이 잘 나타나 있어요. 여러분도 함께 읽어 볼까요?

죽는 날까지 하늘을 우러러
한 점 부끄럼이 없기를,
잎새에 이는 바람에도
나는 괴로워했다.
별을 노래하는 마음으로
모든 죽어 가는 것을 사랑해야지
그리고 나한테 주어진 길을
걸어가야겠다.

오늘 밤에도 별이 바람에 스치운다.

정말 아름답지 않나요? 일제 강점기에는 힘든 현실에 흔들려 친일의 길로 돌아선 사람도 있었잖아요. 그런데 윤동주는 괴롭고 힘들더라도 자신에게 주어

진 길을 걸어가겠다고 시를 통해 다짐했습니다.

우리는 살면서 종종 잘못을 저질러요. 나이가 든 뒤에도 마찬가지입니다. 완벽한 사람은 없으니까요. 그러니 실수하는 것 자체가 부끄러운 일은 아니에요. 하지만 자신의 실수와 잘못을 알면서도 고치려 하지 않는다면 그것이야말로 부끄러운 일이랍니다.

윤동주가 자신의 시에 쓴 것처럼, '죽는 날까지 하늘을 우러러 한 점 부끄러움 없는' 삶은 어쩌면 그에게도 불가능한 일이었을 거예요. 그래서 윤동주는 끊임없이 반성하고 자신의 마음을 다잡았습니다. 윤동주처럼 자신의 신념을 지키며 독립운동의 길을 걸어간 사람들이 있었기에 우리나라가 1945년 8월 15일 광복을 이룰 수 있었던 것이지요.

우리의 정체성과 문화를 담은
귀중한 유산, 한글

　우리는 지금 너무나 자연스럽게 한글을 사용하고 한국어로 친구와 대화해요. 그래서 마치 우리나라 사람들이 언제나 지금처럼 한글과 한국어를 써 왔던 것처럼 느끼기도 하지요. 그렇지만 일제 강점기에는 한글과 한국어가 사라져 버릴 위기에 처한 적도 있었어요.

　경술국치 이후 우리말은 국어의 지위를 빼앗기고 '조선어'라는 이름으로 불리게 되었어요. 그렇다면 '국어'는 무엇이었을까요? 바로 일본어였습니다.

　식민 지배가 이어지면서 일본은 점차 조선어 사용을 제한하기 시작했어요. 우리말은 점점 설 자리를 잃어 갔습니다. 만약 이대로 모든 한국인이 일본 글자를 쓰고 일본어로 말하게 된다면 우리 민족의 정체성 자체가 사라지게 될지도 모를 일이었지요.

이런 위기 속에서 우리 민족의 정체성과 문화를 지키기 위해 한글을 정리한 사람이 바로 주시경입니다. 주시경은 1911년부터 제자들과 함께 우리말 '말모이' 편찬 사업을 시작했어요. 말모이는 '말을 모은 것'이라는 뜻으로, 사전을 뜻하는 순우리말입니다.

　안타깝게도 주시경은 말모이 편찬 사업을 마무리하지 못하고 1914년 세상을 떠났어요. 그렇지만 그의 제자들은 한글을 지키는 것이 민족을 지키는 것이라는 주시경의 가르침을 잊지 않았습니다.

　주시경의 제자들은 조선어 학회를 만들어 표준어를 정리하고, 한글 맞춤법과 외래어 표기법을 통일하는 등 한글을 지키는 데 힘썼습니다. 나중에 민족 말살 통치를 펼치던 일본이 조선어 학회를 탄압하고 조선어 학회 회원들을 잡아들여 고문했지만 그들의 의지는 꺾이지 않았어요.

　광복이 찾아오자 조선어 학회는 곧바로 다시 문을 열었고, 일본 경찰에 압수되었던 조선어 사전 원고도 기적처럼 서울역 창고에서 발견되었어요. 목숨을 걸고 한글을 지킨 사람들의 노력을 하늘이 알아 준 것은 아닐까요?

　마침내 1947년 10월, 《조선어 큰사전》 제1권이 출간되었어요. 무려 이십여 년의 땀과 눈물이 얽힌 결과물이었지요.

"우리가 만세를 부른다고
당장 독립이 되는 것은 아니다. 그러나 민족의 가슴에
독립정신을 일깨워 주어야 하기 때문에
이번 기회에 꼭 만세를 불러야 하겠다."
-
손병희 (1861~1922)

4장

대한민국은
어떻게 시작되었나요?

　　　　　　2025년은 광복 80주년이에요. 우리나라가 일본으로부터 나라를 되찾은 지 팔십 년째 되는 해입니다. 그렇다면 우리가 살고 있는 대한민국이 세워진 시기는 언제일까요?

　대한민국이 언제 시작되었는지 알려면 나라의 가장 기본이 되는 법칙을 규정해 놓은 헌법을 살펴보면 좋아요. 헌법에는 우리가 중요하게 여기는 가치가 무엇인지 잘 드러나 있거든요. 그래서 대한민국을 세우고 발전시킨 사람들이 어떤 생각과 가치를 중요하게 생각했는지 알 수 있지요.

대한민국 헌법의 가장 앞부분은 어떤 내용으로 시작할까요? 그 내용은 다음과 같습니다.

"유구한 역사와 전통에 빛나는 우리 대한국민은 3·1 운동으로 건립된 대한민국 임시 정부의 법통과 불의에 항거한 4·19 민주 이념을 계승하고…."

조금 어려운 문장처럼 보일 수도 있는데요. 제일 먼저 눈에 띄는 단어는 '3·1 운동'과 '대한민국 임시 정부'입니다. 우리가 살아가고 있는 대한민국의 출발점을 3·1 운동으로 세워진 대한민국 임시 정부로부터 찾는 것이지요.

오천 년 동안 이어져 온 우리 역사에는 정말 많은 사건이 있었습니다. 그런데 만약 우리 역사를 어떤 한 사건을 기준으로 두 시기로 나눠야 한다면, 저는 3·1 운동을 그 기준으로 삼고 싶어요. 왜냐하면 3·1 운동이 우리가 한 번도 경험해 보지 못한 새로운 나라, 바로 '대한민국'이 탄생하는 출발점이 되었기 때문입니다.

3·1 운동 이전에는 어떤 일들이 있었나요?

3·1 운동은 사실 기적과도 같은 사건이에요. 당시 우리나라의 국권을 빼앗은 일본이 독립운동을 강하게 탄압하고 있었거든요. 우리 민족은 비밀스럽게 숨어 다니며 일본에 저항하는 비밀 결사 운동을 벌일 수밖에 없었어요.

국내에서 활동하기 힘들어진 많은 의병 부대와 독립운동가들은 만주와 연해주 등 국외로 이동해 독립운동 기지를 세웠습니다. 어려운 상황 속에서도 독립을 이뤄 내기 위해 다양한 노력을 했던 것이지요.

그러는 동안 세계에서는 제1차 세계 대전이라는 엄청난 규모의 전쟁이 일어났어요. 강한 힘을 가진 나라들끼리 서로 연합해 상대방과 싸웠지요. 결국 영국, 프랑스, 미국, 일본 등이 속한 연합국이 독일, 오스트리아-헝가리, 오스만 제국 등이 속한 동맹국을 꺾고 승리했습니다.

제1차 세계 대전이 끝난 후 프랑스 베르사유에서 전쟁을 마무리하기 위한 회의가 열렸어요. 미국의 대통령이었던 윌슨은 그 자리에서 "모든 민족은 자신의 운명을 스스로 결정할 수 있어야 한다"라고 주장했습니다. 이 주장을 '민족 자결주의'라고 해요.

민족 자결주의는 한국 사람들에게 큰 희망이 되었어요. 이 원칙이 한국을 일본으로부터 독립시켜 줄 근거가 되지 않을까 기대했던 것이지요.

새로운 분위기 속에서, 한국의 독립을 주장하는 선언문을 발표하며 독립에 대한 의지를 보여 주는 사람들이 나타났어요. 심지어 일본의 수도인 도쿄에서 독립 선언문을 읽은 용기 있는 학생들도 있었답니다.

당연히 국내의 독립운동가들도 가만히 있지는 않았겠지요? 독립운동가들은 독립 선언과 함께 많은 사람이 동시에 참여하는 민족 운동을 계획했어요. 3·1 운동은 그렇게 시작되었습니다.

3·1 운동에는 누가 참여했나요?

원래 3·1 운동은 민족 대표 33인이 이끌기로 되어 있었어요. 하지만 이들은 독립 선언서를 낭독한 뒤 곧바로 일본 경찰에 자수했기 때문에 끝까지 운동을 주도하지는 못했습니다.

그렇지만 1919년 3월 1일, 서울 종로 탑골 공원에는 만세 운동을 벌이기 위해 수많은 사람이 모였어요. 그리고 그 중심에는 학생들이 서 있었습니다. 학생들은 또렷하고 우렁찬 목소리로 독립 선언문을 읽어 내려갔어요.

"일본의 지배로 고통받은 여러분, 이제 때가 왔습니다. 우리의 힘을 보여 줍시다. 대한 독립 만세!"

학생들이 먼저 용기를 내자 어른들도 감격했어요. 거리에는 점점 더 많은 사람이 쏟아져 나와 태극기를 꺼내 들고 목 놓아 외쳤습니다.

"대한 독립 만세!"

이윽고 서울 도심 한복판이 사람들로 가득 찼습니다. 그곳에는 정말 다양한 사람들이 모여 있었어요. 성별, 나이, 직업, 종교의 구별 없이 모든 계층이 참여했지요. 거리로 나온 사람들은 모두가 한마음이 되어 함께 '대한 독립 만세'를 외쳤습니다.

심지어 그들 중에는 학교를 뛰쳐나온 열 살짜리 어린아이도 있었고, 쇠약한 몸을 이끌고 거리로 향한 노인도 있었습니다. 힘이 약한 아이와 노인들까지 만세 운동에 참여한 거예요.

당황한 일본은 만세 운동에 참여한 사람들을 잡아넣겠다며 군인들을 동원했습니다. 그리고 아무런 경고도 하지 않은 채 막무가내로 총을 쏴 사람들을 죽이기도 했어요. 총알이 날아와 옆 사람이 쓰러지는 무서운 상황 속에서도 사람들은 만세를 외치며 계속 나아갔습니다.

그동안 일본은 무단 통치라는 지배 방식을 통해 한국 사람들을 총과 칼로 다스리려 했어요. 살벌한 분위기를 조성하면 한국 사람들을 말 잘 듣는 식민지 백성으로 만들 수 있을 거라고 생각했던 것이지요.

일본은 십 년 가까운 세월 동안 한국을 무자비하게 짓밟았어요. 하지만 그런 무단 통치도 우리 민족의 마음속에 자리 잡은 희망만큼은 결코 꺾을 수 없었습니다.

사람들은 알고 있었어요. 우리나라가 독립하기 위해서는 몇몇 독립운동가의 희생과 노력만으로는 부족하다는 것을, 모두가 함께 손을 잡고 일어서야 한다는 사실을 말이에요. 그래서 이때 정말 많은 사람이 독립을 위해 만세 운동에 참여했어요.

그날 거리에 나선 모든 사람의 이름을 우리가 다 알 수는 없을 거예요. 하지만 적어도 우리는 그 사람들이 어떤 마음으로 거리에 나와 만세 운동에 참여했는지는 알 수 있지요.

우리가 3·1 운동에 참여했던 수많은 사람의 의지와 열정을 마음에 간직하면 좋겠습니다. 나라를 위해 내린 그들의 선택이 역사를 바꾸는 한 걸음이 되었다는 사실도요.

●

한국에서 시작된 운동이 다른 나라까지 퍼져 나갔다고요?

서울에서 시작된 3·1 운동은 금세 전국으로 퍼져 나갔습니다. 큰 도시뿐 아니라 작은 도시와 농촌, 멀리 해외에서까지 한국인들의 만세 소리가 울려 퍼졌어요.

3·1 운동에 참여한 사람은 이백만 명에 달했다고 해요. 당시 우리나라 인구가 약 이천만 명이었으니까 약 열 명 중 한 명이 운동에 참여한 셈입니다. 이는 우리 역사상 가장 큰

규모로 일어난 독립운동이었습니다.

3·1 운동은 우리나라 역사만 바꾼 것이 아니에요. 당시 세계에는 다른 나라의 지배를 받는 민족이 많았거든요. 이들도 한국에서 일어난 3·1 운동을 바라보며 용기를 얻었습니다. 그래서 3·1 운동 이후 세계 곳곳에서는 민족 해방 운동이 일어났지요. 우리 민족이 보여 준 용기가 다른 나라 사람들에게도 큰 감명을 주었던 거예요.

물론 3·1 운동 때문에 누구보다도 깜짝 놀란 것은 바로 일본 사람들이었어요. 십 년 가까이 우리나라를 지배하면서 우리 민족을 완전히 억눌렀다고 생각했거든요. 그런데 사람들이 힘을 모아 이토록 큰 규모의 만세 운동을 벌일 줄은 전혀 예상하지 못한 것이지요.

게다가 외국 기자들을 통해 3·1 운동 소식이 해외에 전해지면서, 평화롭게 행진하던 우리 민족에게 무자비한 폭력을 휘두른 일본의 민낯이 드러났어요. 일본은 전 세계적으로 망신을 당하게 되었습니다.

결국 일본은 칼과 총으로 우리 민족을 위협하며 무력으

로 통치하던 식민 통치 방식을 바꿀 수밖에 없었습니다. 겉으로는 좀 더 부드러워 보이는 이른바 '문화 통치'로 전환하게 되었지요. 3·1 운동을 통해 아무리 강력한 무단 통치라도 독립을 향한 우리 민족의 의지를 꺾을 수 없다는 사실을 깨달았기 때문입니다.

●

3·1 운동이 어떻게 대한민국의 출발점이 되었나요?

우리 민족의 강한 독립 의지는 3·1 운동을 통해 세계에 널리 알려졌어요. 민족 지도자들은 앞으로 독립운동의 방향만 뚜렷하게 정해진다면 민족의 힘을 하나로 모아 독립을 이룰 수 있다고 생각했습니다.

그래서 3·1 운동을 계기로 나라 안팎에 임시 정부가 세워졌어요. 국내에는 한성 정부가, 연해주에는 대한 국민 의회가, 상하이에는 대한민국 임시 정부가 만들어졌습니다.

그런데 정부가 여러 개로 나뉘어 있으면 독립운동을 위한 힘을 하나로 모으기 어렵잖아요. 그래서 임시 정부 통합이 추진되었습니다.

임시 정부의 위치를 두고 다양한 의견이 오간 끝에 임시 정부 청사를 상하이에 두기로 결정했지요. 이런 과정을 거쳐 대한민국 임시 정부가 탄생하게 되었어요. 아직은 일본의 식민 지배 아래 있으니 '임시' 정부라고 불렀습니다. 우리나라가 독립한다면 정식 정부가 되겠지요.

대한민국 임시 정부는 국내외 독립운동 단체와 비밀리에 연락을 주고받으며 활동을 이끌었어요. 또 《독립신문》을 발간했고, 서양의 강대국들에게 우리의 현실을 알리는 외교 활동에도 집중했습니다. 독립에 필요한 자금을 모으기 위한 노력도 전개했지요.

머나먼 외국 땅에서 대한민국 임시 정부를 이끌어 가는 독립운동가들의 생활은 고달프고 힘들었습니다. 일본의 감시를 피해 정체를 숨긴 채 비밀 임무를 수행해야 했고, 독립운동 자금이 모자라서 건물의 집세를 내지 못하는 어려움을 겪기도 했어요.

 이런 험난한 상황에도 불구하고 대한민국 임시 정부는 우리 국민을 대표하는 정부로 자리매김했습니다. 독립 이후 정식 정부가 될 수 있도록 조직을 체계적으로 갖추었기 때문이에요.

 특히 대한민국 임시 정부는 나라의 이름과 나라를 다스리는 방식, 그리고 헌법에 '민주주의' 정신을 담아내기 위해 노력했습니다. 민주주의란 나라의 진정한 주인이 국민이 되는 정치 제도예요. 우리 한 사람 한 사람이 나라의 주인인 것이지요.

 그동안 우리 역사에 있었던 나라들은 전부 왕국이나 제국의 형태였어요. 지도자는 절대적인 권력을 가지고 백성들을 다스렸습니다.

 하지만 1919년 3월 1일, 우리는 광장에 모여 독립을 위해 자신의 목소리를 내는 수많은 사람을 만나게 됩니다. 오랜 시간 동안 백성으로 살던 사람들이 이제 스스로 생각하고 행동하는 시민으로 깨어난 거예요. 그렇게 해서 탄생한 나라 이름이 '대한민국'입니다. 더 이상 '왕국', '제국'이 아니에요. 이제는 국민이 나라의 주인임을 선포한 것입니다.

마지막으로 우리나라 헌법을 다시 한번 살펴볼까요? 대한민국 헌법 제1조는 두 개의 조항으로 이루어져 있는데요. 내용은 다음과 같습니다.

① 대한민국은 민주공화국이다.
② 대한민국의 주권은 국민에게 있고, 모든 권력은 국민으로부터 나온다.

어때요? 대한민국이라는 나라의 주인이 누구인지 명확하게 나와 있지요?

이처럼 3·1 운동 이후 대한민국 임시 정부가 수립되면서 지금 우리가 쓰고 있는 '대한민국'이라는 나라 이름이 탄생했습니다. 3·1 운동을 계기로 대한민국이 출발했다는 말이 이제 무슨 뜻인지 알겠지요?

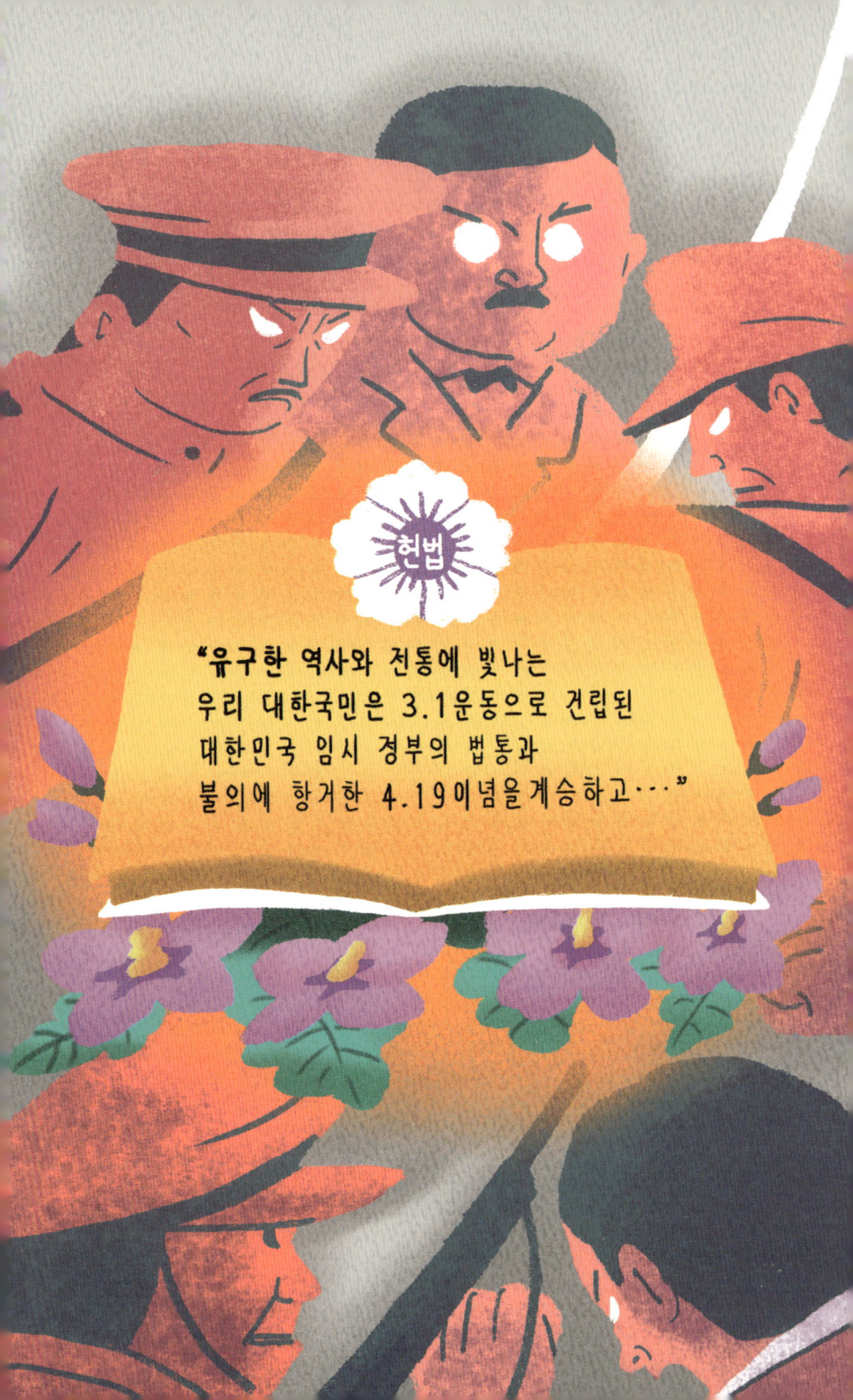

✖ 큰별쌤 한마디 ✖

대한민국은 저절로 만들어지지 않았다

오늘날 우리는 대한민국이라는 나라에서 당연하게 살아가고 있어요. 마치 원래 이런 나라가 있었던 것처럼 자연스럽게 말이에요.

하지만 대한민국이라는 이름을 얻기까지, 국민이 나라의 주인이 되는 나라를 만들기까지는 정말 많은 사람의 노력이 필요했습니다. 우리가 당연하게 누리는 대한민국의 많은 것들은 사실 과거 사람들이 우리에게 준 선물이에요.

우리도 스스로에게 질문을 던져 봤으면 좋겠어요. 과연 우리는 나라의 주인으로서, 대한민국이라는 나라의 국민으로서 어떤 역할을 하고 있을까요?

엄청나게 특별하고 대단한 일을 해야만 나라의 주

인이 되는 것은 아니에요. 주변에서 일어나는 잘못된 일에 용기 있게 맞서고 사회의 규칙을 잘 지키고 살아간다면 누구나 나라의 주인이라고 할 수 있어요.

지금도 대한민국에는 해결해야 할 문제가 많이 있어요. 환경 문제도 있고 일상에서 부당하게 차별을 겪는 사람들도 있지요.

3·1 운동을 통해 대한민국 임시 정부가 세워지고, 그 바탕 위에 오늘날 민주주의 사회를 누릴 수 있는 것처럼 이제는 우리가 미래에 더 나은 사회, 보다 건강한 사회를 만들기 위해 어떤 역할을 해야 할지 고민해 보면 좋겠습니다.

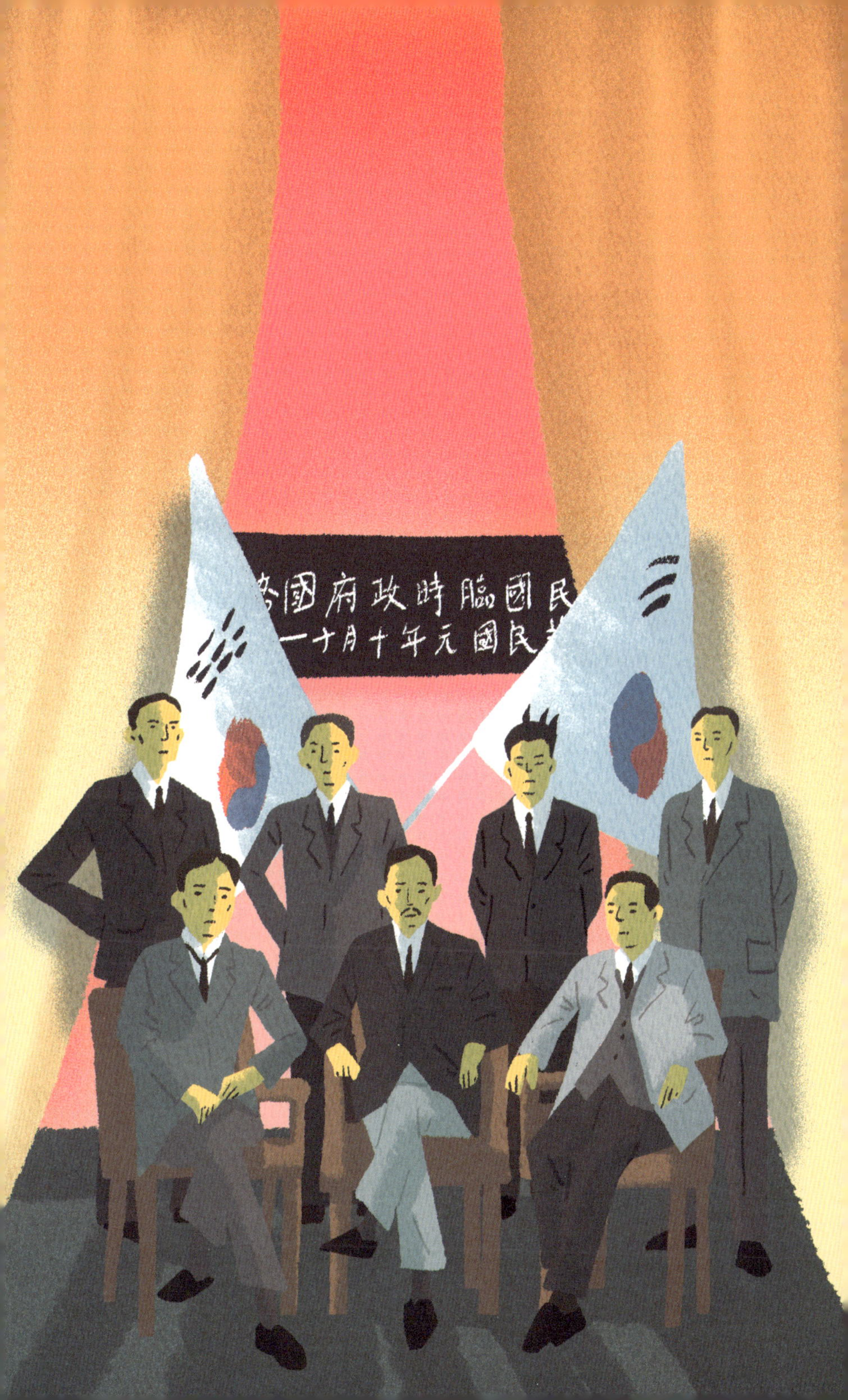
民國臨時政府國
民國元年十月十一

오렌지 하나를 따더라도 정성껏 땁시다!

　대한민국 임시 정부 초기에 중요한 역할을 맡으며 독립운동을 이끌었던 안창호. 그는 이십 대 청년 시절 미국으로 건너가 유학 생활을 하다가 자신의 인생을 바꾸는 사건을 만나게 됩니다.

　어느 날 안창호는 거리에 미국인이 몰려들어 무언가를 구경하는 모습을 보았어요. 궁금증이 생긴 안창호는 다가가 무슨 일이 벌어졌는지 확인했지요. 그런데 그의 눈에 들어온 것은 한국인 두 사람이 상투를 붙잡고 싸우는 모습이었습니다. 인삼 판매 지역을 둘러싸고 경쟁이 붙으면서 다투게 된 거예요.

　나라가 어려워지자 미국 등 해외로 나가 생활하는 한국 사람은 점점 많아졌어요. 하지만 가진 것 하나 없이 낯선 땅으로 건너간 삶이 편할 리 없었지요. 대부분 가난하고 고된 일을 하며 힘든 나날을 보냈고, 그러다 보니 마음의 여유도 점점 사라져 갔습니다. 안창호가 유학을 왔던 당시에는 미국으로 이주한 많은 한국인이 서로를 탓하고 다투며 깊은 절망에 빠져 있었어요.

안창호는 우리 동포들이 서로 도우며 힘을 모으기를 바랐어요. 그래야 보다 나은 삶을 살 수 있고, 생활이 나아지면 한국의 발전을 위해 힘을 보탤 수도 있으니까요.

공부를 중단한 안창호는 농장에서 한국인 노동자들과 함께 일하고, 저녁에는 강연을 하며 그들의 마음을 움직이기 위해 노력했어요. 그는 사람들에게 이렇게 말했다고 합니다.

"오렌지 하나를 따더라도 정성껏 땁시다. 그것이 곧 우리나라를 위한 길입니다."

지금 내가 있는 자리에서 주어진 일을 성실히 해내는 것, 이것만큼 값진 일도 없습니다. 나라를 사랑하는 마음도 마찬가지예요. 꼭 어렵고 대단한 일을 해야만 나라를 사랑하는 것은 아니랍니다. 일상의 작은 실천 하나가 우리나라를 더 좋은 방향으로 이끄는 힘이 되기 때문이에요.

안창호의 이야기에 감동한 사람들은 모두 그를 따르게 되었습니다. 그 후 한마음 한뜻으로 열심히 일해서 힘든 외국 생활을 이겨 낼 수 있었다고 해요. 나중에는 힘들게 번 돈을 모아 독립운동 자금으로 보내기도 했지요.

"천하에 정의로운 일을
맹렬히* 실행하기로 한다."

—

의열단 (1919~1929)

* 맹렬하다: 기세가 무척 사납고 세차다.

5장

만약 일제 강점기로 돌아간다면
나도 독립운동을 할 수 있을까요?

여러분이 만약 일제 강점기로 돌아간다면 어떻게 독립운동을 펼치고 싶은가요? 어떤 친구들은 독립군이 되어 일본과 전쟁을 벌이고 싶다고 이야기합니다. 일본이 우리에게 많은 피해를 주었으니 그만큼 똑같이 돌려줘야 한다는 거지요. 일본과 싸워 시원하게 이기길 바라는 마음도 있을 거고요.

이러한 방법은 실제로 우리의 독립운동 방법 중 하나였

어요. 이를 '무장 독립 투쟁'이라고 합니다.

그렇지만 무장 독립 투쟁의 길은 매우 고되고 힘겨웠어요. 전쟁을 치르려면 사람들을 모아 군인으로 훈련시켜야 했고, 이들이 먹을 음식도 마련해야 했습니다. 무기도 필요했고요.

이 모든 것을 제대로 준비하기 위해서는 많은 돈과 시간이 필요했어요. 특히 일본의 감시를 피해 군사를 키우기란 정말 어려운 일이었습니다.

그렇게 해서 만들어진 독립군 부대는 규모가 적을 때는 열 명에서 스무 명, 많아야 수백 명 정도였어요. 무기도 충분하지 않은 경우가 많았지요.

반면 일본군은 최신식 무기에 막강한 전투력을 지니고 있었어요. 당시 일본군은 강대국 중 하나인 러시아를 상대로도 승리한 동아시아 최강의 군대였습니다.

이처럼 강한 일본에 맞서야 했기 때문에, 무장 독립 투쟁을 펼치는 독립운동가들은 목숨을 걸고 뛰어들 수밖에 없었어요. 본인뿐 아니라 가족들이 위험에 처하는 일도 많았지요. 그 가족들은 일본의 감시를 피해 이곳저곳 떠돌며 생활했어요. 당연히 가난에 시달리는 일이 흔했습니다.

이렇게 생각하면 무장 독립 투쟁을 펼치기란 쉽지 않은 일이었겠다는 생각이 들어요. 모든 것을 포기해야 할 수도 있으니까요. 과연 독립운동가들은 어떤 마음으로 무장 독립 투쟁에 뛰어들었을까요?

독립군은 강한 일본군에 맞서서 어떻게 승리를 거둘 수 있었나요?

최신식 무기로 무장한 일본군이 독립군을 쫓아 비좁고 가파른 계곡 길로 들어왔습니다. 독립군은 숨죽인 채 수풀 속에 숨어서 일본군이 깊숙이 들어오기를 기다렸어요.

일본군이 독립군이 숨어 있는 곳까지 다가오자, 독립군 연합 부대를 이끌던 홍범도는 하늘로 총을 쐈습니다. 이 신호를 듣자마자 사방에 숨어 있던 독립군이 일제히 일본군을 향해 공격을 퍼부었어요. 일본군은 큰 피해를 입은 채 물러날 수밖에 없었습니다. 이 전투가 1920년 벌어진 봉오동 전투였어요.

　봉오동 전투 패배 이후 일본군은 더욱 많은 병력을 동원해 독립군을 공격했어요. 김좌진이 이끄는 북로 군정서군과 홍범도 부대를 포함한 독립군 연합 부대는 청산리 부근에 모여 일본군에 맞서 싸웠습니다. 십여 차례 펼쳐진 전투에서 독립군은 일본군을 상대로 크게 승리했어요. 이 전투가 봉오동 전투와 같은 해 벌어진 청산리 전투입니다. 청산리 전투는 독립군이 거둔 최대 규모의 승리였어요.

　봉오동 전투와 청산리 전투는 당시 국내에서 일어난 전투가 아니었어요. 한반도 위쪽에 있는 만주 즉, '간도'라는

지역에서 벌어진 전투였지요. 당시 독립군은 일본의 감시를 피해 간도나 연해주 등 주로 나라 밖에서 활동했거든요.

나라 밖으로 이동한 독립군 부대들은 종종 국내로 진입해 일본이 세운 군사 시설을 파괴하는 등 작전을 펼치기도 했어요. 독립군의 활동에 시달리던 일본군이 간도 지역을 공격하면서 봉오동 전투와 청산리 전투가 펼쳐지게 된 것이지요.

독립군은 일본군보다 병력도 적고 무기도 부족했어요. 하지만 지형을 잘 활용하고 기습과 매복 등 자신들이 가진 장점을 최대한 살리면서 일본군에 승리를 거둘 수 있었습니다.

전투에서 패배한 일본은 보복으로 끔찍한 만행을 저질렀어요. 간도 지역에서 활동하는 독립군을 공격한다는 핑계로 그 지역에 살고 있는 한국 사람들을 무차별 학살한 거예요.

정말 가슴 아픈 일이지요. 이 비극적인 사건이 '간도 참변'입니다.

간도 참변에서 희생당한 사람들은 대부분 독립군의 가족이나 이웃, 친구였어요. 그러나 독립군은 슬퍼할 겨를도 없이 일단 일본군을 피해 멀리 러시아 지역으로 떠나야 했습니다.

독립군은 간도 참변 이후 더욱 어려운 환경 속에서 일본과 싸워야만 했어요. 하지만 그들은 결코 조국 독립의 꿈을 포기하지 않았습니다.

총으로 사람을 쏘는 일은 나쁜 짓 아닌가요?

이번에는 조금 다른 모습의 무장 독립 투쟁을 살펴보기로 해요. 바로 '의열 투쟁'입니다.

의열은 정'의'로운 일을 맹'렬'하게 실행한다는 뜻을 가진 단어예요. 우리 민족을 괴롭히는 일본의 고위 관리를 암살하고, 식민 통치 기관인 조선 총독부에 폭탄을 던지는 것과 같은 임무를 수행하는 것이지요.

의열 투쟁을 가장 활발하게 펼친 단체는 의열단입니다. 의열단은 중국에서 김원봉이 만든 단체였어요.

김원봉은 만주의 신흥 무관 학교에서 군대를 지휘하는 법을 배우며 독립군을 길러 내기 위해 고민했어요. 그렇지만 앞에서도 이야기했듯이 독립군 부대를 조직하고 운영하는 것은 쉽지 않은 일이었지요.

김원봉은 일본과 싸우는 방식을 바꾸기로 결심했어요. 많은 인원이 필요하지 않으면서도 일본에 큰 충격을 줄 수 있는 의열 투쟁을 펼치기로 한 거예요. 그래서 그는 중국 상하이에서 의열단을 조직했습니다.

의열단원들의 활약은 대단했어요. 박재혁이 부산 경찰서에, 최수봉이 밀양 경찰서에, 김상옥이 종로 경찰서에 폭탄을 던졌지요. 또 일본 식민 통치의 상징인 조선 총독부에 김익상이 폭탄을 던지기도 했습니다.

폭탄을 터뜨리거나 총으로 사람을 쏘는 일은 나쁘지 않느냐고 물을 수도 있어요. 그러나 일본의 통치 방식이 날이 갈수록 교묘해지고 폭력적인 탄압이 이어지는 상황에서는 어쩔 수 없는 선택이기도 했습니다. 약자가 강자에게 저항하기 위해 마지막 수단으로 선택한 방법이었지요.

당시 의열단 단원들의 나이는 대부분 열여덟 살에서 스물여섯 살 사이였어요. 지금으로 치면 학교에 다니거나 갓 직장에 들어갈 나이였겠지요. 젊은 청년들이 자신의 목숨을 나라의 독립과 맞바꿨던 것입니다.

목숨을 걸고 일본과 맞서 싸운 의열단의 소식을 들은 우리 민족의 마음은 어땠을까요? 말로 다 표현할 수 없을 만큼 가슴이 벅차고 뜨거웠을 거예요. 의열단이 보여 준 용기와 희생은 우리 민족에게 독립에 대한 강한 의지와 희망을 불어넣어 주었습니다.

의열단원들이 가슴 깊숙이 품었던 꿈, 폭탄에 실었던 간절한 소망은 일제 강점기라는 힘든 시기를 사는 우리 민족 모두에게 전해졌을 거예요.

재판정에 잡혀 와서 일본 판사를 꾸짖은 독립운동가가 있었다고요?

1923년, 일본에 엄청난 지진이 일어났어요. 건물들이 무너지고 수많은 사람이 다치거나 목숨을 잃는 큰 피해를 낸 이 지진을 '간토 대지진'이라고 부릅니다.

지진의 공포가 채 가시기도 전에, 더 슬프고 끔찍한 일이 일어났어요. 지진 피해에 대한 원망이 일본 정부로 향할까 두려웠던 일본 정치인들이 애꿎은 한국인을 비난하기 시작한 거예요. 그들은 한국인이 집집마다 불을 지르고 다닌다, 한국인이 우물에 독약을 탔다, 한국인 여성의 치마 속에는 폭탄이 들어 있다 같은 가짜 뉴스를 퍼뜨렸습니다.

이로 인해 일본 사람들은 한국인들이 지진을 틈타 범죄를 저지른다고 믿게 되었어요. 결국 한국인을 공격하는 조직까지 만들어 무차별적으로 한국인들을 '사냥'하기 시작했지요.

이들은 길을 걷다가 한국인 같은 사람이 보이면 붙잡아 두고 일본 말로 숫자를 세어 보라고 요구했어요. 발음이 어눌하면 그 자리에서 폭력을 가하거나 심지어 죽이기까지 했습니다. 이렇게 목숨을 잃은 사람이 육천여 명에 이르렀다고 해요.

이 사건은 의열단원 김지섭의 마음속에 커다란 분노를 일으켰어요. 한국인이라는 이유만으로 아무 죄 없는 사람들이 공격받는 상황을 두고 볼 수는 없었습니다. 그는 일본 총리와 조선 총독 등 일본의 고위 관리가 참석하는 제국 의회에 폭탄을 던지기로 결심했습니다.

그런데 도쿄로 가던 도중 김지섭은 제국 의회가 열리지 않는다는 소식을 들었어요. 이대로 물러설 수 없었던 그는 일본 왕궁에 폭탄을 던지기로 계획을 변경합니다.

김지섭은 미리 왕궁 근처를 돌면서 왕궁의 구조를 확인했어요. 그런데 김지섭을 수상하게 여긴 일본 경찰이 그에게 다가왔습니다.

자신의 신분이 들통났다고 생각한 김지섭은 다가오는 일

본 경찰을 향해 폭탄 한 개를 던진 뒤, 일본 왕궁으로 들어가는 다리인 '니주바시'로 향했어요. 이후 자신에게 총을 겨누는 왕궁 호위병을 향해 두 번째 폭탄을 던졌지요.

김지섭의 계획은 니주바시를 폭파해 혼란을 일으킨 뒤 분주해진 틈을 타 일왕을 암살하는 것이었어요. 그러나 안타깝게도 김지섭이 던진 두 개의 폭탄은 모두 터지지 않았습니다.

다리 난간에서 붙잡힌 김지섭은 마지막으로 세 번째 폭탄을 던졌지만, 이마저도 폭발하지 않았어요. 오랫동안 배를 타고 오면서 폭탄에 습기가 차 고장이 났던 거예요.

비록 폭탄은 터지지 않았지만, 일본 왕궁을 겨냥한 그의 의거는 일본 사회에 큰 충격과 두려움을 안겼어요. 반면 우리 민족은 김지섭의 용기 있는 행동에 자부심과 긍지를 느낄 수 있었지요.

김지섭은 재판정에서도 당당했어요. 재판정에서 김지섭은 장문의 진술서를 펼쳐 들고 한 시간 이십 분 동안 일본을 꾸짖었습니다. 비인간적이고 악랄한 통치를 펼치는 일본을

비판하고 한국인은 최후의 최후까지 싸울 것이라고 다짐하는 내용이었어요. 이를 듣는 일본 판사의 얼굴이 새파랗게 질릴 정도였지요.

이러한 김지섭의 모습은 일본인에게는 두려움을, 한국인에게는 항일 의식과 독립에 대한 희망을 심어 주었습니다.

● 목숨을 거는 독립운동이
즐거울 수도 있나요?

   1931년, 대한민국 임시 정부를 이끌던 김구는 한인 애국단을 만들었어요. 한인 애국단은 의열단과 비슷하게 일본의 고위 관리를 암살하려 했던 조직이에요.
   이때 기노시타 쇼조라는 일본 이름을 가진 한국인 청년이 김구를 찾아왔습니다. 김구의 눈에는 꽤 수상쩍어 보였을 거예요. 일본인만큼 일본어를 잘하고, 오히려 한국어가 어눌했거든요. 일본이 보낸 스파이라는 생각도 들었겠지요. 그의 한국 이름은 이봉창이었습니다.
   원래 이봉창은 특별히 나라를 걱정하는 사람이 아니었어요. 독립운동에도 관심이 없었습니다. 그는 오직 어떻게 하면 편안하고 즐겁게 살 수 있을지 고민하던 사람이었어요.
   이봉창은 일본으로 건너가 이름을 일본식으로 바꾸고 일본인에게 입양되어 일본인처럼 살게 되었어요.

그러던 어느 날 교토에서 일왕의 즉위식이 열렸어요. 이봉창은 일본인 사이에서 즉위식을 구경했지요. 그런데 군중을 조사하던 경찰이 그가 한국인 출신이라는 사실을 알아냈습니다. 경찰들은 그가 한국인이라는 이유만으로 위험 인물로 여겨 감옥에 가두어 버렸지요.

이 사건으로 이봉창은 큰 충격에 빠졌어요. 아무리 일본인처럼 살고자 해도 결국 자신은 한국인일 수밖에 없다는 사실과 한국인이라는 이유만으로 차별받을 수밖에 없다는 현실을 깨달았거든요.

이봉창은 스스로에게 질문을 던졌어요.

"나는 누구인가? 나는 누구로 살 것인가?"

이 질문을 통해 이봉창은 어떤 인생을 살아야 하는지 답을 찾았던 것 같아요.

이봉창은 김구를 찾아가 독립운동을 위해 목숨을 바치겠다고 말했어요. 처음에는 이봉창을 의심하던 김구도 곧 그의 진심을 깨닫게 되었지요. 김구는 이봉창을 한인 애국단 단원으로 임명합니다.

이봉창은 한인 애국단 단원으로서 일왕을 암살하겠다는 내용의 선서문을 소리 내어 읽었어요. 그리고 태극기 앞에 서서 수류탄을 들고 사진을 찍었습니다.

1932년 1월 8일, 이봉창은 일본의 수도 도쿄에서 일왕이 탄 마차에 폭탄을 던졌습니다. 당시 일본은 여러 나라를 식민지로 거느리고 있었는데요. 일왕을 암살하려 시도한 나라는 한국이 유일했습니다.

하지만 성능이 좋지 않던 폭탄은 제대로 폭발하지 않았어요. 이봉창은 그 자리에서 체포되었고, 이후 재판에서 사형을 선고받아 서른두 살의 나이로 나라를 위해 목숨을 바쳤습니다.

김구를 처음 만났을 때, 이봉창은 김구에게 '영원한 쾌락'을 위해 독립운동에 뛰어든다고 말했어요. 쾌락은 유쾌하고 즐겁다는 뜻이에요. 목숨을 잃을지도 모르는 독립운동이 어떻게 즐거울 수 있을까요?

이봉창이 생각한 영원한 쾌락은 우리 민족이 일본의 지배에서 벗어나 자유롭고 평범한 일상을 즐기며 살아가는 세상이었을 거예요. 그래서 그는 일본인 흉내를 내며 편안한 삶을 사는 대신 나라의 독립을 위해 목숨을 던지는 길을 선택했지요.

✖ 큰별쌤 한마디 ✖
역사는 뛰어난 사람들만의 이야기가 아니다

독립운동가들의 삶을 살펴보면 그들의 삶과 지금 우리의 삶이 너무 다르게 느껴질 수도 있어요. 그들은 목숨을 걸고 독립운동에 뛰어들었고, 일본의 가혹한 탄압 속에서도 용기와 희망을 잃지 않았습니다.

독립운동가들은 정말 대단하고 존경스럽지만, 때로는 우리 자신을 작아지게 만들기도 합니다. 만약 내가 일제 강점기를 살게 된다면 과연 그들처럼 목숨을 걸고 독립운동을 할 수 있을지 자신이 없어지니까요.

역사를 공부하면서 "나라면 이렇게 할 수 있었을까?" 하고 질문을 던지는 것은 자연스러운 일이에요. 그렇지만 그 과정에서 역사 속 인물과 자신을 비교하기 시작하면 역사를 나와 멀리 떨어진 이야기라고 생각하기 쉽습니다. 역사 속 인물은 나와 다른 특별한 사람이라고 여기게 되거든요.

하지만 서로 다른 시대를 나란히 놓고 비교하는 것은 별 의미가 없어요. 일제 강점기에는 '독립'이라는 문제가 놓여 있었지만, 지금은 또 다른 문제들을 마주하고 있으니까요. 독립운동가들도 현대 사회에 살았다면 그때와는 다른 고민을 했을 거예요.

앞으로는 '내가 과연 그런 일을 할 수 있을까?' 하고 질문하기보다 그들이 어떤 일을 했는지 기억하도록 노력합시다. 그들의 행동과 선택을 들여다보며 나는 어떻게 살아갈 것인가를 고민하면 되니까요. 그 고민이 여러분을 올바른 방향으로 이끌어 줄 것입니다.

용기 있게 소신을 굽힌 김원봉

여러분은 '소신'이라는 말을 들어 본 적이 있나요? 소신은 어떤 사람이 무엇을 믿고, 무엇을 소중하게 여기는지를 의미하는 말이에요.

소신이 있는 사람은 어려움 앞에서도 쉽게 흔들리지 않아요. 자신이 옳다고 생각하는 대로 행동하고 처음 했던 결심을 쉽게 바꾸지 않는답니다.

하지만 소신을 굽히고 자신의 뜻을 꺾어야 할 때도 있어요. 모두가 함께 중요한 문제를 해결해야 할 때입니다. 자신의 주장만 고집하다 보면 의견이 다른 사람들끼리 힘을 하나로 모을 수 없어요.

김원봉이 의열단을 만들어 활동할 당시에도 수많은 독립운동가가 흩어져서 자신의 소신대로 독립운동을 펼쳤어요. 어떤 방식으로 독립운동을 펼칠 것인지에 대해 의견이 쉽게 모이지 않았기 때문이에요.

김원봉 역시 무장 투쟁 방식 이외의 방식, 특히 외교 같은 온건한 독립운동 방식에 대해 비판적이었어요. 대한민국 임시 정부와도 독립운동 방향이 달라 여러 차례 갈등을 겪었습니다.

하지만 김원봉은 결국 자신의 입장을 굽히고 한 걸음 물러섰어요. 그는 일본을 몰아내는 데 도움이 될 수만 있다면 어떤 단체와도 손을 잡아야 한다고 생각한 거예요.

김원봉은 자신이 지휘하던 군대 일부를 이끌고 대한민국 임시 정부에 합류했어요. 그리고 임시 정부가 만든 한국 광복군에 들어가 독립 전쟁을 준비했지요. 이는 정치 성향도, 독립운동 방법도 달랐던 사람들이 하나가 되었다는 점에서 커다란 의미가 있어요.

김원봉이 그런 선택을 내린 이유는 우리나라의 독립과 발전을 위해서였어요. 우리 민족을 위해 소신을 잠시 굽혔던 거예요.

물론 소신을 지키는 것 역시 중요해요. 절대로 양보할 수 없는 자신만의 중요한 생각과 의지가 있으니까요. 하지만 때로는 더욱 많은 사람과 함께하고, 서로 돕기 위해 소신을 굽히는 것 역시 용기 있는 일이랍니다.

"이대로 철수하면
저 사람들은 다 죽습니다."

—

현봉학 (1922~2007)

6장

역사를 배우면 세상이 더 좋은 곳으로 변할까요?

여러분은 전쟁이 무엇이라고 생각하나요? 어린 친구들에게 전쟁에 대해 물으면 대부분 "유튜브에서 봤어요!", "외국에서 일어나는 일 아니에요?" 같은 대답이 돌아옵니다. 심지어 게임에서 신나게 적과 싸우는 일이라고 답하는 친구들도 있지요. 지금 대한민국에 살고 있는 여러분은 전쟁이 무엇인지 느낌이 오지 않을 수도 있어요.

하지만 전쟁은 오래된 역사 이야기에만 등장하는 사건도, 게임 속 세상에만 있는 일도 아니에요. 지금도 세계 어딘가에서는 크고 작은 전쟁이 벌어지고 있습니다. 겨우 몇십 년 전에 우리 할머니와 할아버지가 이 땅에서 겪었던 일이기도 하지요.

어렵게 광복을 맞은 우리 민족은 얼마 지나지 않아 분단의 길을 걷게 되었습니다. 그리고 서로의 생각이 다르다는 이유 때문에 같은 민족끼리 총을 겨누며 전쟁이 시작되었지요. 이 전쟁으로 수백만 명의 사람들이 죽거나 다쳤고 수많은 시설과 건물이 파괴되었어요. 말 그대로 온 나라가 폐허가 되었지요. 이 전쟁이 바로 6·25 전쟁입니다.

전쟁이 멈춘 지금도 상처는 아직 아물지 않았어요. 우리 민족이 반으로 갈라져 있기 때문이에요. 남한과 북한 사람은 같은 민족이지만 지금도 서로 자유롭게 만날 수 없습니다. 6·25 전쟁으로 수많은 이산가족이 생겼고, 전쟁으로 헤어진 가족이 살았는지 죽었는지도 모른 채 세상을 떠난 분들도 많답니다.

전쟁은 한번 시작되면 돌이킬 수 없는 피해를 남겨요. 그래서 우리는 전쟁이 일어난 이유가 무엇인지 잘 알아야 해요. 그리고 두 번 다시는 같은 일이 반복되지 않도록 노력해야 하지요.

일제 강점기가 끝나자마자 또다시 전쟁이라니, 우리 역사에 아픔이 너무나 자주 찾아온다는 생각이 들기도 합니다. 하지만 비가 갠 뒤에 하늘이 가장 맑듯이, 역사에서도 어려움과 아픔을 잘 이겨 낸 뒤 더 빛나는 내일이 찾아오는 경우가 있답니다.

●
우리 민족은
어쩌다 둘로 나뉘었나요?

일제 강점기에 우리 민족이 맞서 싸웠던 상대는 당연히 일본이었어요. 수많은 사람이 일본의 식민 지배에 저항해 독립운동을 펼쳤습니다. 그들은 이 땅에서 일본을 몰아내고 누구의 간섭도 지배도 받지 않는 자유로운 나라를 만들기 위해 싸웠지요.

그러다 독립을 이룰 기회가 찾아왔어요. 당시 세계에서는 독일과 일본 등을 중심으로 한 추축국과 영국과 프랑스, 소련 등 연합국이 맞붙는 제2차 세계 대전이 벌어지고 있었지요. 그런데 일본이 미국을 기습 공격하면서 미국도 연합국 편에 서서 전쟁에 참여하게 되었습니다.

당시 세계에서 손꼽히는 강대국이었던 미국을 상대로 전쟁을 벌이다니, 대부분 이 무모한 전쟁에서 일본이 패배할 거라고 예상했어요.

그때부터 대한민국 임시 정부는 본격적으로 독립 전쟁을 준비했어요. 여러 지역에 흩어져 싸우고 있던 독립군을 모아 한국 광복군이라는 군대를 만들고 미군과 힘을 합쳐 일본을 우리 땅에서 내쫓으려고 했어요. 이 계획을 '국내 진공 작전'이라고 합니다.

하지만 대한민국 임시 정부가 국내 진공 작전을 실행하기 전에 일본이 갑작스럽게 항복해 버렸습니다. 미국이 무리하게 전쟁을 이어가는 일본에 원자 폭탄을 투하했거든요. 엄청난 피해를 입은 일본은 항복을 선언했어요. 전쟁은 연합국의 승리로 끝나게 되었지요.

물론 일본이 항복하기 전부터 연합국은 이미 한국의 독립을 약속한 상태였어요. 우리 민족의 끈질긴 독립 투쟁을 인정했던 것이지요.

그러나 우리 힘으로 일본을 몰아낼 기회를 얻지 못한 탓에, 한국 문제에 연합국인 미국과 소련 등의 입김이 강하게 들어갈 수밖에 없었어요.

전쟁이 끝난 뒤에도 세계에는 팽팽한 긴장감이 감돌았어요. 미국과 소련이라는 제일 강한 두 나라가 치열하게 경쟁했기 때문이지요.

두 나라는 '나라의 경제를 어떻게 운영할 것인가'에서 생각의 차이를 보였어요. 미국은 자본주의, 소련은 사회주의라는 방식을 선택했습니다.

당시에는 세계의 모든 나라가 미국과 소련의 눈치를 보았어요. 자본주의 혹은 사회주의 둘 중 하나를 골라 줄을 서야 하는 분위기였지요.

일본이 항복하기 직전에 소련은 일본과 싸우면서 미국보다 먼저 한반도에 들어왔어요. 그러자 미국은 소련에 38도선을 경계로 한반도를 나누어 점령하자고 제안했습니다. 소련이 이에 동의하면서 북한 지역에는 소련군이, 남한 지역에는 미군이 주둔하게 되었어요.

이렇게 일본이 물러가자마자 우리는 다시 다른 나라의 간섭을 받게 되었어요. 민족 지도자들도 가지고 있는 생각의 차이에 따라 둘로 나뉘었습니다. 미국을 중심으로 자본주의를 지지하는 쪽과 소련을 중심으로 사회주의를 지지하는 쪽으로 나뉘게 되었지요.

두 세력은 마음을 하나로 모으지 못하고 강하게 대립했어요. 남과 북이 분단될 위기에 처하자 온 국민이 마음을 모아 하나의 통일 정부를 세워야 한다고 간절히 호소하는 인물이 있었습니다. 그가 바로 대한민국 임시 정부를 이끌었던 김구예요.

김구가 희망한
우리나라의 미래는 어떤 모습이었나요?

대한민국 임시 정부의 주석으로 활동하던 김구는 광복 직후 조국으로 돌아왔어요. 하지만 그는 임시 정부의 대표자 자격이 아닌 개인 자격으로 돌아올 수밖에 없었습니다. 미국이 대한민국 임시 정부를 공식 정부로 인정하지 않았기 때문이에요.

김구는 둘로 나뉘어 갈등하는 우리 민족을 바라보며 안타까워했어요. 그는 우리나라가 앞으로 어떻게 나아가야 할지, 우리 민족에게 무엇이 중요한지 깊이 고민했습니다. 김구는 각자 생각이 다르더라도 우리 민족이 힘을 합쳐 하나의 국가를 세워야 한다고 생각했어요.

미국이 관리하는 남한 지역과 소련이 관리하는 북한 지역이 갈라서게 된다면 영영 돌이킬 수 없는 결과를 낳을 수도 있었어요. 언제 다시 하나의 나라로 합쳐질지 모르니까

요. 최악의 경우에는 전쟁이 벌어질 수도 있었습니다.

　김구는 분단을 막기 위해 자신과 생각이 다른 사람들과도 열린 마음으로 대화를 시도했어요. 김구는 사회주의에 반대하는 입장이었지만, 북한으로 가서 지도자들을 만나 설득하기도 했습니다.

　하지만 김구의 애타는 노력에도 상황을 바꿀 수는 없었어요. 결국 1948년 8월 15일에는 남한만의 단독 정부가 세워졌고, 같은 해 9월 9일 북한에도 조선 민주주의 인민 공화국이 수립되었습니다.

　그리고 1949년 6월, 김구는 안두희라는 사람이 쏜 총에 맞아 숨을 거두었습니다. 안두희가 왜 그런 짓을 저질렀는지는 밝혀지지 않았어요. 아마도 김구와 정치적인 생각이 달랐던 사람들과 관련된 것이 아닌가 짐작할 뿐이에요.

　결국 김구가 사망하고 약 일 년 뒤인 1950년 6월 25일, 김구가 걱정했던 일이 벌어지고 말았습니다.

●

6·25 전쟁은
어떻게 진행되었나요?

1950년 6월 25일 일요일 새벽 네 시, 북한은 기습적으로 남한을 침략했습니다. 한밤중에 갑자기 폭탄이 떨어지고 탱크가 밀려오기 시작했지요. '우리 민족 최대의 비극'이라고 불리는 6·25 전쟁은 이렇게 시작되었습니다.

대부분의 전쟁은 시작할 때 상대 나라에 미리 경고를 해요. 경고와 함께 전쟁을 벌이는 이유를 밝히는데요. 북한은 아무런 경고도 없이 한밤중에 남쪽으로 밀고 내려왔습니다.

갑작스러운 북한의 공격에 남한은 손쓸 틈 없이 당했어요. 전쟁이 일어난 지 삼 일 만에 수도인 서울을 빼앗기고 말았습니다. 얼마 지나지 않아 경상도 일부 지역과 낙동강 방어선만을 남겨 둔 채 간신히 버티는 상황이 되었지요.

사실 남과 북에 각각 대한민국 정부와 북한 정권이 들어선 후, 38도선 근처에서는 종종 남북 간의 군사적 충돌이 일어나고 있었어요. 그런 상황에서 한반도 전체를 자신의 영향 아래 두고자 했던 소련이 북한에 군사 지원을 약속했습니다. 같은 사회주의 국가였던 중국도 북한을 지원하겠다고 나섰지요. 북한은 소련과 중국의 지원을 바탕으로 전쟁을 일으킬 수 있었어요.

국제 평화 기구인 유엔(국제 연합)은 북한의 공격을 평화를 위협하는 침략 행위라고 판단했어요. 그래서 미국을 비롯한 열여섯 개의 나라로 이루어진 유엔군을 한반도에 파견하여 대한민국을 지원하도록 했습니다.

유엔군은 국군과 함께 인천 상륙 작전을 펼쳤어요. 한반도의 중간에 있는 인천에 배를 내려 군사들을 투입해 남쪽에 내려가 있는 북한군을 포위한다는 작전이었지요.

이 작전이 성공하면서 전쟁은 남한 쪽으로 유리해졌습니다. 국군과 유엔군은 기세를 몰아 한반도의 북쪽 끝 압록강까지 밀고 올라갔어요.

북한이 불리한 상황에 놓이자 중국은 북한군을 지원하기 위해 엄청나게 많은 숫자의 군대를 한반도로 보냈어요. 중국군의 참전으로 다시 국군과 유엔군은 후퇴해야만 했지요.

이후 계속해서 크고 작은 전투가 벌어졌어요. 남한과 북한뿐 아니라 전쟁에 참여한 다른 나라 군인들의 피해 역시 점점 심각해졌습니다. 자칫하면 한반도에서 또다시 세계 대전이 벌어질지도 모를 일이었지요.

결국 소련이 휴전을 제안하게 되는데요. 오랜 협상 끝에 1953년 7월 27일 남북한 사이에 휴전선이 그어지며 전쟁이 중단되었습니다.

자본주의와 사회주의는 '어떻게 하면 사람들이 더 잘 살 수 있을까'를 고민하는 과정에서 생겨난 체제와 사상이었어요. 그런데 사람들은 자신과 생각이 다른 사람들을 적으로 여기기 시작했습니다. 어떻게 나라를 운영하는 것이 더 좋은지를 두고 자기 방식만 맞다고 주장하면서 싸우다가 전쟁까지 벌어진 거예요. 정말 안타까운 일이 아닐 수 없어요. 이념은 사람들이 옳다고 여기는 생각이나 견해를 의미하는데, 이념이 너무나 중요해지면서 '사람'보다도 '이념'을 중요하게 생각하다 보니 벌어진 일이었지요.

6·25 전쟁은 우리 민족에 큰 피해와 상처를 남겼어요. 수많은 사람이 죽거나 다치고, 폭격으로 집을 잃었습니다. 뿔뿔이 흩어진 이산가족도 엄청나게 생겨났어요. 그런데 전쟁이라는 참혹한 상황 속에서도 따뜻한 마음을 잃지 않았던 사람들이 있었습니다.

세계에서 가장 많은 사람을 구출한 배가 6·25 전쟁 때 있었다고요?

1950년 12월, 국군과 유엔군은 중국군의 공격을 피해 '흥남 철수 작전'이라는 대규모 철수 작전을 진행했습니다.

당시에는 중국군의 포위 때문에 육지로 이동하는 통로가 막혀 바다로 이동할 수밖에 없는 상황이었어요. 그런데 문제는 철수해야 하는 인원이 너무나 많다는 점이었습니다. 십만에 달하는 군인 외에도 이십여만 명의 피난민이 탈출하기 위해 함경남도 흥남항으로 몰려들었거든요.

원래 흥남 철수 작전을 계획할 때는 피난민을 데려가지 않으려 했어요. 하지만 국군 지휘관들과 통역을 맡았던 현봉학이 작전을 지휘하던 미군 사령관을 설득했습니다. 피난민을 버리고 가느니 차라리 데리고 걸어서 후퇴하겠다면서 말이에요. 결국 피난민도 함께 철수하기로 결정되었습니다.

이때 피난민을 태운 배 중 하나가 '메러디스 빅토리호'예요. 이 배는 가장 많은 사람을 구출한 선박으로 기네스북에 등재되어 있어요. 무려 만 사천 명을 태웠거든요. 정원의 이백 배가 넘는 사람을 태운 거예요.

메러디스 빅토리호는 원래 화물선이었어요. 전쟁에 필요한 무기와 물자를 실어 나르는 배였지요. 그래서 배에 탈 수 있는 사람은 고작 육십 명이었습니다. 심지어 선원이 마흔 일곱 명 있었으니까, 배에 남은 정원은 열세 명이었지요.

하지만 메러디스 빅토리호를 이끌던 선장과 선원들은 최대한 많은 피난민을 데려가기로 했어요. 그들은 사람들을

태울 수 있도록 짐칸을 개조한 뒤 무기와 물자를 배에서 내려놓고 피난민들을 태웠어요. 이렇게 해서 만 사천 명의 피난민이 이 배를 타고 남한으로 내려갈 수 있었습니다. 절망적인 상황에서 용기와 연대, 희망을 보여 준 사건이었지요.

✕ 큰별쌤 한마디 ✕
역사는 우리에게 소중한 가치를 알려 준다

1945년, 우리는 일제 강점기에서 벗어나 광복을 맞이했어요. 그다음부터 밝고 희망찬 일들만 일어났다면 얼마나 좋았을까요? 그렇지만 역사는 그런 방향으로만 흘러가지는 않았어요. 민족이 둘로 나뉘는 아픔을 겪고, 비극적인 전쟁이 일어나기도 했습니다.

하지만 어려움 속에서도 소중한 가치를 굳게 붙잡

고 살아간 사람들이 있었어요. 우리나라가 나아갈 방향을 제시했던 김구와 피난민을 실어 나르며 인류에 대한 사랑을 실천한 메러디스 빅토리호 선원들을 살펴보면서 우리는 소중한 가치가 역사를 더 나은 방향으로 이끌어 간다는 사실을 알 수 있습니다.

김구는 이런 말을 남겼다고 해요.

"나는 우리나라가 세계에서 가장 강한 나라가 아닌, 가장 아름다운 나라가 되기를 원합니다. 우리가 다른 나라의 침략에 가슴이 아팠으니, 내 나라가 남을 침략하는 것은 원하지 않습니다. 오직 한없이 가지고 싶은 것은 높은 문화의 힘입니다. 문화의 힘은 우리 자신을 행복하게 하고, 나아가 남에게 행복을 주기 때문입니다."

세상을 정말로 변화시키는 힘은 사랑, 희망, 자유, 평화, 배려, 존중과 같은 가치예요. 역사를 통해 여러분이 소중한 가치를 더욱 깊이 알고, 실천할 수 있는 사람으로 성장하기를 바랍니다.

"오늘 우리는 패배할 것이다.
그러나 내일의 역사는
우리를 승리자로 만들 것이다."
–
윤상원 (1950~1980)

7장

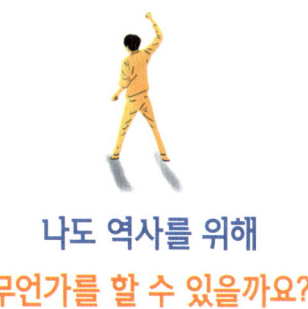

나도 역사를 위해
무언가를 할 수 있을까요?

　　　　　1987년 6월의 일이에요. 뉴스에서 사람들이 경찰을 향해 불이 붙은 유리병과 돌멩이를 던지는 장면이 나오고 있었지요. 그 사람들은 무언가를 외치며 '시위'를 벌였어요. 많은 사람들이 한곳에 모여 자신의 주장을 펼치는 것을 시위라고 합니다.

　그 모습을 본 어린 시절의 저는 시위하는 사람들이 나쁘다고만 생각했어요. "나쁜 사람들, 왜 저렇게 나라를 어지럽게 만드는 거야!" 하면서요.

시간이 흘러 대학교에 들어가 역사를 전공하게 되었습니다. 열심히 공부해서 힘들게 들어간 대학에는 뉴스에서 보았던 '나쁜 사람들'이 가득했어요.

그때만 해도 시위하는 사람들이 나쁘다는 편견을 버리지 못했어요. 학생이면 공부를, 직장인이면 일을 열심히 하면 되지 왜 거리로 뛰어나가 세상을 시끄럽게 만드는지 이해하지 못했거든요.

하지만 대학교에 다니면서 그 '나쁜 사람들'과 함께 수업도 듣고, 밥도 먹게 되었습니다. 그러면서 처음으로 그들의 이야기에 귀를 기울였어요. 그러면서 과거 뉴스에 나왔던 그 사건이 바로 '6월 민주 항쟁'이라는 것도, 왜 수많은 사람들이 거리로 나와 시위를 벌였는지도 알게 되었지요.

역사의 진실이 무엇인지 깨닫고 난 후 얼마나 부끄러웠는지 몰라요. 그때 비로소 민주주의가 얼마나 소중한 것인지, 어떤 노력을 통해 이룰 수 있었는지 깨닫게 되었지요.

우리나라의 민주주의는
어떤 과정을 거쳐 발전했나요?

민주주의는 국민이 나라의 주인인 정치 제도입니다. 민주주의 사회에서 선거를 통해 뽑힌 지도자는 국민과 한 약속을 반드시 지켜야 해요. 왜냐하면 국민이 자신의 뜻을 대신 이루어 줄 사람을 뽑은 것이기 때문이에요.

앞서 3·1 운동을 설명하면서 나라를 다스릴 때 가장 기본이 되는 법인 헌법을 소개했지요? 헌법에는 대한민국의 주인이 국민이며, 모든 힘과 권력이 국민으로부터 나온다는 중요한 내용이 담겨 있습니다.

헌법은 민주주의를 보호하고 국민의 권리와 자유를 보장하기 위해 존재하기 때문에 내용을 함부로 바꿔서는 안 돼요. 그렇지만 과거 대한민국의 대통령 중에는 헌법을 마음대로 고치면서 국민들의 권리를 빼앗은 사람도 있었습니다. 이렇게 민주주의에 필요한 과정을 무시하고 지도자가 권력을 마음대로 휘두르는 것을 '독재 정치'라고 불러요. 대한민국 정부가 세워진 뒤로 꽤 오랜 기간 독재 정치가 펼쳐졌습니다.

대한민국의 첫 대통령은 이승만이었어요. 그는 1948년부터 1960년까지 헌법을 두 번이나 고치면서 계속 대통령 자리에 머물렀습니다. 그리고 1960년에 열린 대통령 선거에 또다시 출마했지요. 이때 이승만의 나이는 여든여섯이었어요. 선거 직전 경쟁하던 다른 대통령 후보가 사망하면서 이승만의 대통령 당선은 거의 확실한 상황이었습니다.

하지만 이승만의 나이가 워낙 많다 보니 걱정거리가 생겼어요. 대통령이 된 다음 갑자기 건강이 나빠질 수도 있으니까요. 당시에는 대통령이 임기 중간에 사망하면 부통령이 그 자리를 이어받도록 되어 있었어요. 그래서 1960년 선거에서는 대통령보다 누가 부통령으로 당선되는가에 더 많은 관심이 쏠렸습니다.

당시 이승만과 함께 자유당 소속으로 부통령 선거에 참여한 후보는 이기붕이었어요. 그런데 이기붕은 상대 후보인 장면보다 인기가 없었지요. 그래서 벌어진 사건이 '3·15 부정 선거'예요. 자유당은 미리 이기붕을 찍어 놓은 표를 투표함에 넣는 등 온갖 방법을 동원해 선거 결과를 조작했습니다. 당연히 이기붕이 당선되었지요.

이런 말도 안 되는 모습을 보고 가장 먼저 학생들이 시위에 나섰습니다. 학교에서 배운 민주주의와는 전혀 다른 모습이 나타나고 있었기 때문이에요. 학생들이 시작한 시위는 전국 각지로 퍼져 나갔지요.

4월 19일에는 전국 곳곳에서 학생과 시민들이 들고일어났어요. 초등학생들도 거리로 나와 시위에 참여했습니다. '4·19 혁명'이 시작된 거예요. 학생과 시민들은 부정 선거와 독재 정치를 비판하며 전국에서 대규모 시위를 벌였습니다.

이때 경찰이 총을 쏘아 많은 사람들이 목숨을 잃는 안타까운 일이 벌어졌습니다. 하지만 끝내 시민들의 굳은 의지가 독재 정권을 꺾었어요. 결국 이승만은 모든 것을 내려놓고 대통령 자리에서 물러났지요.

4·19 혁명은 우리나라 역사에서 엄청난 의미를 지녀요.

국민의 힘으로 독재 정권을 무너뜨린 첫 번째 사건이니까요. 불의에 맞서 민주주의의 힘을 보여 준 거지요. 그래서 이후 대한민국 헌법 전문에는 "4·19 민주 이념을 계승한다"라는 말이 들어가게 되었습니다.

- **군인들이 나라의 권력을 잡은 적이 있다고요?**

4·19 혁명 이후로도 진정한 민주주의에 이르는 길은 멀고 험난했어요. 4·19 혁명이 일어나고 일 년이 조금 지나 정치군인들이 권력을 장악하거든요. 나라가 위기에 빠졌다고 하면서요.

　이승만이 대통령 자리에서 물러난 뒤 사회 곳곳에서 다양한 요구를 하는 목소리가 나오기 시작했습니다. 자신들의 힘으로 독재 정권을 몰아냈으니 당연한 일이었죠. 그러면서 사람들끼리 의견이 달라 충돌하는 일도 생겼어요.

　민주주의는 원래 다양한 사람들이 의견을 자유롭게 표현

할 수 있는 제도입니다. 사람마다 생각이 다르기 때문이지요. 모두가 같은 의견만 가져야 하는 사회는 더 이상 민주주의 사회가 아니에요.

그런데 이런 다양한 목소리가 나오는 상황을 '위기'로 여긴 사람들이 있었어요. 바로 정치군인들이었습니다.

1961년, 군인 출신인 박정희가 군대의 힘을 이용해 정권을 차지했어요. 대통령이 된 그는 헌법을 여러 차례 바꿔 가며 오랜 시간 대통령 자리를 유지했습니다. 결국에는 '유신 헌법'을 만들어 대통령인 자신에게 막강한 권력을 부여했어요. 이때 대통령은 최고의 법인 헌법마저 넘어서는 권력을 휘둘렀지요.

그렇지만 국민들은 포기하지 않고 계속해서 민주화를 요구했어요. 유신 반대 시위가 이어지던 상황 속에서 박정희 대통령이 부하의 총에 맞아 사망하면서 그의 장기 집권도 막을 내렸습니다.

박정희 정권이 무너지자 사람들은 드디어 이 땅에 진정한 민주주의가 꽃피울 것이라고 생각했어요. 하지만 전두환을 중심으로 하는 신군부 세력이 반란을 일으켜 권력을 차지했습니다.

또다시 군인 세력이 나라의 권력을 불법으로 차지하자 전국 곳곳에서 이를 반대하는 시위가 벌어졌어요. 신군부는 이를 위급한 상황이라고 보고 전국에 비상계엄령을 선포했습니다. 계엄령은 국가 비상 상황에서 군대가 강력한 통치 권력을 갖는 거예요.

계엄령은 전쟁이 벌어지거나 나라가 엄청난 혼란에 빠져 도저히 통제할 수 없는 상황이 되었을 때만 내려야 하는 명령이에요. 그렇지만 당시 신군부 세력은 자신들의 권력을 유지하는 방법으로 계엄령을 이용했습니다.

계엄령이 선포되자 시위는 잠시 잠잠해졌어요. 하지만 전라남도 광주에서는 1980년 5월 18일, 학생과 시민들이 비상계엄 해제를 요구하며 계속해서 시위를 전개하는데요. 이를 '5·18 민주화 운동'이라고 합니다.

신군부는 광주에 계엄군을 보내 시위를 벌이던 학생과 시민들을 폭력적인 방법으로 진압했습니다. 탱크와 헬리콥

터까지 동원해 시민들에게 무자비하게 총을 쐈지요. 결국 수많은 광주 시민이 희생되면서 5·18 민주화 운동은 막을 내리고 말았습니다. 전두환은 이후 대통령에 당선되어 독재 정치를 펼쳤어요.

그렇다면 5·18 민주화 운동은 실패한 역사일까요? 결코 그렇지 않습니다. 5·18 민주화 운동에서 뿌려진 민주주의의 씨앗이 무럭무럭 자라나 '6월 민주 항쟁'이라는 꽃으로 피어나거든요.

●

지금의 헌법은 언제 만들어졌나요?

전두환 정부는 민주화 운동을 하는 사람들을 경찰서로 끌고 가 조사하고 심지어 고문하기도 했습니다. 그리고 국민들이 대통령을 직접 뽑는 직접 선거제가 아닌 선거인단이 대신 대통령을 뽑는 간접 선거제를 유지하려고도 했지요.

국민의 요구와 상관없이 권력을 이어 가려 했던 거예요.

하지만 1987년 6월, 수많은 사람이 거리로 나가 전두환 정부의 독재 정치에 항의했어요. 국민이 직접 대통령을 뽑는 대통령 직선제로 헌법을 고치라고 요구하면서 시위를 벌였습니다. 6월 민주 항쟁이 벌어진 거예요. 시위는 점점 커졌고, 전두환 정부는 정의로운 사회를 바라는 국민의 요구를 더 이상 외면할 수 없었습니다.

결국 전두환 정부는 국민의 요구를 받아들인다는 뜻을 밝혔고, 곧이어 5년 단임의 대통령 직선제 개헌이 이루어졌어요. 국민의 손으로 직접 대통령을 뽑고 5년을 임기로 한 번만 대통령을 할 수 있도록 헌법을 바꾼 것이지요. 이때 만들어진 헌법은 오늘날까지 쭉 이어지고 있어요.

4·19 혁명부터 6월 민주 항쟁까지 이어지는 민주화 운동은 오늘날 우리가 숨 쉬듯 누리고 있는 민주주의를 선물해 준 고마운 역사입니다.

불의를 외면하지 않고 거리로 나서 독재 정치에 맞선 평범한 사람들, 그분들의 용기 있는 투쟁과 저항이 있었기에

오늘날 우리가 국민이 나라의 주인이 되는 사회에서 살아갈 수 있는 거랍니다.

같은 성씨끼리는 결혼을 할 수 없었다고요?

민주주의는 단순히 국가 지도자를 국민이 직접 뽑는 것만을 의미하지 않습니다. 민주주의란 국민 한 사람 한 사람이 나라의 주인이 되는 제도이자 가치예요. 그래서 우리가 일상에서 스스로 선택하고 결정할 수 있는 권리를 누리는 것 역시 민주주의의 중요한 부분입니다. 그런데 과거 우리 사회에는 개인의 자유와 권리를 억누르는 제도들이 있었어요. 그중 하나가 '동성동본 결혼 금지' 제도였지요.

여러분은 동성동본이 무엇인지 잘 모를 수도 있어요. 동성동본이란 성씨와 본관이 모두 같은 것을 말합니다.

커플 두 사람의 성씨가 모두 김씨라고 생각해 보세요. 그런데 김씨라고 해서 꼭 같은 김씨는 아니에요. '경주 김씨', '김해 김씨'처럼 그 성씨의 시조가 나온 지역명이 본관으로 붙지요. 동성동본 결혼 금지는 이를테면 '김해 김씨'끼리는 결혼하지 못하도록 한 제도입니다.

    동성동본 결혼 금지 제도는 조선 시대부터 있었어요. 하지만 시간이 흐르면서 성과 본관만 같을 뿐 실제로는 아무런 혈연관계도 없는 경우가 많아졌어요. 그렇지만 시대가 크게 바뀌었음에도 이 제도는 없어지지 않았습니다. 전통을 없앨 수 없다면서 말이에요.

    이 법이 있었을 때는 아무리 사랑하더라도 동성동본이면 법적으로 부부가 될 수 없었어요. 혼인 신고를 할 수 없었던 거예요. 만약 혼인 신고 없이 아이를 낳으면 법적인 부부로 인정받지 못했기 때문에 아이를 낳은 어머니는 미혼모가 될 수밖에 없었지요. 그래서 동성동본 커플은 집안의 반대는 물론이고 사회적인 비난까지 감당해야만 했습니다. 서로 사랑하는데도 결혼할 수 없는 현실에 절망해 스스로 목숨을 끊는 안타까운 일도 있었어요.

이 제도를 통해 더욱 피해를 본 것은 여성이었어요. 이때는 대부분 자녀를 낳으면 아버지 호적을 따르고 아버지 성을 썼기 때문에, 동성동본끼리 자녀를 낳으면 어머니에게는 아무런 법적 권리가 주어지지 않았거든요. 여성은 아이를 낳으면 미혼모가 될 뿐이었고, 만약 이혼하게 되더라도 어떤 권리도 인정받지 못했습니다.

이때 앞장서서 나선 인물이 대한민국 최초의 여성 변호사, 이태영 박사예요. 이태영은 1950년대부터 여성을 차별하는 가족 제도를 바꾸기 위해 노력했어요. 그중 하나가 동성동본 결혼 금지 제도였고, 다른 하나는 '호주제'였어요.

호주제는 호주를 중심으로 가족 구성원을 기록해 정리하는 제도예요. 그러니까 호주는 쉽게 말하면 가족의 대표라고 할 수 있지요. 그런데 여성은 호주가 될 수 없었어요. 당시 우리나라의 가족 제도에서 여성은 철저하게 남성에 종속된 존재였습니다.

이태영이 만든 여성 단체와 수많은 사람의 노력 끝에 1997년, 마침내 동성동본 결혼 금지 제도가 헌법에 어긋난다는 헌법재판소의 판결이 나왔어요. 성별에 따른 차별은 평등 원칙을 위반한다는 것이었지요. 너무나 당연한 판결이었습니다.

   그렇지만 실제로 이 법이 폐지되기까지는 더욱 오랜 시간이 걸렸습니다. 국회에서 법안 처리가 늦어졌기 때문이에요. 2005년에 가서야 겨우 동성동본 결혼 금지 제도가 공식적으로 폐지돼요. 호주제 역시 오랜 논쟁 끝에 2008년에 가서야 폐지되었고요.

   역사는 분명히 발전해요. 그렇지만 그 발전은 이태영처

럼 세상을 바꾸기 위해 꾸준히 노력한 많은 사람들의 힘이 있었기에 가능한 일이었습니다.

✕ 큰별쌤 한마디 ✕
역사는 함께하는 사람들의 기록이다

민주화 운동은 특별한 영웅 한 사람의 이야기가 아니에요. 평범한 시민 수만, 수십만 명이 한데 모여 만들어 낸 역사입니다.

최근 우리 사회를 '각자도생' 사회라고 부르기도 해요. 각자도생은 각자 스스로 살 길을 찾는다는 의미예요. 굳이 다른 사람과 협력하지 않고 혼자서 잘 살아 보겠다는 사람이 늘고 있다는 뜻입니다.

하지만 민주화 운동의 역사만 보더라도 우리 사회

가 혼자만의 힘으로 발전해 온 것이 아니라는 것을 알 수 있어요. '나'만의 이익이 아니라, '모두' 함께 잘 살 수 있는 세상을 만들기 위한 수많은 사람의 노력이 모여 지금의 우리 사회를 만든 것이지요.

이 책에 나오는 모든 역사는 더 나은 미래를 꿈꾸며 함께했던 사람들의 이야기입니다. 역사 속 사람들은 자신이 살아가는 시대에 주어진 과제를 해결하고 앞으로 살아갈 사람들에게 지금보다 나은 사회를 물려주기 위해 피, 땀, 눈물을 흘리며 노력했어요.

그 덕분에 우리는 불평등한 신분 제도에서 벗어났고, 일본의 식민 지배에서도 해방되었습니다. 전쟁으로 인한 극심한 가난을 이겨 내고 대통령을 직접 뽑는 민주주의 사회에 살고 있지요.

더 나은 미래를 꿈꿨던 그들의 노력 덕분에 우리는 정말 많은 선물을 받았어요. 지금의 우리 사회도, 나의 삶도 저절로 이루어진 것이 아니라 역사 속 인물들과 함께 만들어 온 결과입니다.

대한민국은 이제 세계에서 열 손가락 안에 드는 경제 강국이자, 세계 문화를 이끄는 주역이 되었습니다. 하지만 여전히 우리가 함께 해결해야 할 과제가 많이 남아 있어요.

우선 가장 중요한 과제는 한반도의 평화 통일입니다. 가난한 사람과 부유한 사람 사이의 격차가 점점 커지고 있는 문제도 꼭 풀어야 할 숙제이지요.

안전을 위한 제도와 시설을 잘 갖추어 더 이상 끔찍한 사고나 재난이 일어나지 않도록 하는 것도 매우 중요합니다. 이 외에도 환경 문제, 교육 문제처럼 우리 삶과 밀접한 다양한 문제들이 있어요.

이런 문제들을 나와 상관없는 일이라며 외면한다면 우리 사회는 앞으로 나아갈 수 없습니다. 그리고 우리는 미래 세대에게 지금 우리가 받은 소중한 선물을 되돌려 줄 수 없게 될 거예요. '함께'의 가치를 다시 한번 생각해 보아야 할 때입니다.

우리가 반드시 기억해야 할 이야기

　5·18 민주화 운동 당시, 전라남도 광주에서는 군인의 총칼 앞에서도 끝까지 서로를 지키고 돕는 시민들의 따뜻한 연대가 있었습니다. 시민들은 단지 살아남기 위해서가 아니라 함께 살아가기 위해 힘을 모았지요.

　폭력적으로 시위를 진압한 군인들 때문에 광주에는 병원마다 부상자들이 넘쳐났어요. 하지만 병원에는 인력이 부족했고 약도 제대로 공급되지 않았습니다. 이런 상황에서 의료인뿐 아니라 의대생과 간호학과 학생들, 심지어 일반 시민들까지 팔을 걷고 나섰어요. 그들은 서로에게 붕대를 감아 주고, 피 묻은 옷을 닦아 주며 치료를 도왔습니다.

　먹을 것도 부족했지만, 시민들은 자신이 가진 것을 나눴습니다. 한 줌의 쌀과 김치만 있어도 주먹밥을 만들었고, 그것을 싸 들고 시민군이 있는 곳으로 향했지요. 어머니들은 밤새 주먹밥을 만들고 어린 학생들은 그 음식을 날랐어요. 이처럼 서로를 위한 작은 정성이 모이며 커다란 희망이 되었지요.

놀라운 것은 혼란한 상황 속에서도 광주 시민들이 질서를 잃지 않았다는 점이에요. 시민군은 스스로 교통 정리를 하고 약탈이 일어나지 않도록 거리를 지켰어요. 누군가 떨어뜨린 물건이 있으면 그대로 두거나 모아 놓았지요.

이렇듯 5·18 민주화 운동은 단순히 군사 독재에 맞선 저항만이 아니었습니다. 절망 속에서도 서로를 보듬고 함께 살아가기 위한 길을 찾으려 했던 시민들의 이야기였어요.

이 따뜻한 연대와 협력의 정신은 지금도 우리 사회 속에서 이어지고 있습니다. 우리가 그때의 광주를 기억해야 하는 이유는 단지 아픈 역사를 되새기기 위함이 아니에요. 그 안에 살아 있는 사람들의 희망을 이어 가기 위해서지요.

"전국의 은행마다 금붙이를 든 사람들이 줄을 섰다.
금반지, 금목걸이가 쏟아져 나왔다.
…
국민들이 나라의 빈 곳간을 자신의 금으로 채우고 있었다."

-

김대중 (1924~2009)

8장

우리나라를 더 잘사는 나라로
만드는 방법이 있을까요?

  '한강의 기적'이라는 말을 들어 본 적 있나요? 우리나라의 놀랍도록 빠른 경제 성장을 표현하는 말이에요. 6·25 전쟁이 끝난 뒤 우리나라는 세계에서 가장 가난한 나라 중 하나였어요. 일본의 식민지에서 벗어난 지 얼마 되지 않은 데다가 전쟁으로 나라가 폐허가 되었기 때문이지요.

  하지만 우리나라는 '기적'이라 불릴 만큼 빠른 경제 성장을 이루었습니다. 한 나라의 경제가 얼마나 발전했는지를 국민 한 사람의 평균 소득으로 판단하기도 하는데요. 1953년 우리나라의 한 사람당 평균 소득은 고작 육십칠 달러였습니다. 그런데 2014년에는 평균 소득이 삼만 달러를 넘어섰어요. 약 육십 년 만에 사백 배 이상 늘어난 거예요.

우리나라는 석유나 가스처럼 다른 나라에 팔 수 있는 자원이 거의 없어요. 또한 북한과 정전 협정을 맺었지만 다시 전쟁이 일어날 수 있다는 불안을 가지고 있는 나라입니다. 이런 상황에서 세계에서 가장 가난한 나라였던 대한민국이 어떻게 기적처럼 빠른 경제 발전을 이룰 수 있었을까요?

우리나라의 발전 과정을 알아보는 것은 정말 중요해요. 우리가 어떤 과정을 거쳐 발전해 왔는지 이해해야 미래에 어떤 방향으로 발전해야 할지 알 수 있기 때문이에요. 미래에 우리가 어떻게 더 잘 살아갈 수 있을지, 대한민국 경제 발전의 과정을 통해 함께 찾아보도록 해요.

한강의 기적은
기적이 아니라고요?

사실 우리나라가 이룬 경제 발전은 설명할 수 없는 기적이 아니었어요. 그게 무슨 뜻이냐고요? 기적은 상식적으로 기대하거나 생각하기 어려운 일이 일어났다는 뜻인데, 우리나라가 이룬 경제 발전은 뚜렷한 목표와 계획을 가지고 열심히 노력해서 이루어 낸 결과였거든요.

6·25 전쟁이 끝나고 한국은 미국으로부터 밀, 설탕, 면화 등을 지원받았습니다. 이 세 가지는 모두 일상생활에 꼭 필요한 것들이었어요. 밀과 설탕은 음식, 면화는 옷을 만드는 데 이용되었지요.

처음에는 이 세 가지를 바탕으로 한국에서 공업이 발달하기 시작했어요. 세 가지 원료 모두 흰색이었기에 '삼백 산업'이라고 불렸습니다.

박정희 정부가 들어선 뒤 우리나라는 '경제 개발 5개년 계획'을 시행했어요. 이름처럼 5년 단위로 목표를 정해 경제를 성장시키겠다는 계획이었지요.

처음에는 신발, 옷, 가방 등을 만드는 데 집중했어요. 이러한 산업을 '경공업'이라고 부릅니다. 경공업은 사람들의 노동력이 많이 필요한 산업이에요. 우리나라 노동자들은 가난에서 벗어나기 위해 적은 임금을 받으면서도 열심히 일했습니다. 그 덕분에 값이 싸면서도 품질 좋은 상품을 만들어 낼 수 있었고, 이를 해외에 수출하여 경제 발전을 이룰 수 있었답니다.

이 시기에 정부는 경제 발전에 필요한 외화를 마련하기 위해 독일에 광부와 간호사를 파견하기도 했어요. 독일로 간 광부와 간호사들은 아는 사람도 없고 말도 통하지 않는 상황에서 위험을 감수하며 힘든 일을 도맡아 했습니다. 이렇게 마련한 자금은 대한민국의 경제 성장에 중요한 밑거름이 되었지요.

이후 1970년대에는 더 큰 성장의 단계로 나아갔습니다. 경공업보다 많은 자본과 기술이 필요한 '중화학 공업'을 발

전시키기 시작한 거예요. 중화학 공업은 철강, 배, 자동차, 석유 등을 만드는 산업입니다.

중화학 공업을 성장시키기 위해 가장 먼저 필요한 것은 품질 좋은 철강이었습니다. 철강이 있어야 배도, 자동차도, 기차도 만들 수 있으니까요. 정부는 포항에 제철소를 만들기로 결정했고, 제철소 건설 책임자로 박태준을 임명했습니다.

박태준은 원래 군인이었어요. 군인 시절에 알게 된 박정희가 그에게 제철소 건설을 맡겼지요. 그런데 제철소 건설에는 어마어마한 돈이 필요했어요. 심지어 당시 한국에는 제철소를 건설할 기술도 없었지요. 다른 나라들은 모두 한국의 제철소 건설이 무리라고 판단하여 돈을 꾸어 주지 않았습니다.

박태준이 생각해 낸 마지막 방법은 바로 일본으로부터 받은 '대일 청구권 자금'을 사용하는 것이었어요. 대일 청구권 자금은 한국 정부가 일제 강점기에 대한 보상금으로 일본으로부터 받은 돈이었습니다. 경제 발전을 위해 돈이 필요했던 한국 정부는 국민들의 거센 반대에도 대일 청구권 자금을 받았어요. 피해를 입었던 국민들이 아니라 국가가 대신 보상을 받은 셈이지요.

그래서 박태준에게 제철소 건설은 절대로 실패해서는 안 되는 일이 되었어요. 일제 강점기에 고통을 받은 수많은 국민들의 희생을 대가로 제철소를 건설하게 된 것이나 다름없으니까요.

포항 제철소 1호기 공사가 진행될 때, 박태준은 직원들에게 종종 "목숨을 걸자. 조상이 흘린 피의 대가로 짓는 것이다. 실패하면 우리 모두 오른쪽으로 돌아 나가 영일만에 빠져 죽자"라고 말했어요. 그만큼 죽기 살기로 제철소 건설에 달려들었습니다. 새벽부터 늦은 밤까지 건설 현장을 누비며 작은 부분까지 직접 확인했다고 해요.

1973년 6월 9일 아침, 박태준과 직원들은 숨죽인 채 용광로를 지켜보았습니다. 마침내 우리나라에서 만든 첫 쇳물이 터졌고, 첫해에 매출액 일억 달러를 달성해 냈어요. 포항 제철소 설립은 우리나라의 중화학 공업을 빠르게 성장시키는 원동력이 되었지요. 이를 바탕으로 우리나라의 수출도 크게 늘어났습니다.

이처럼 우리나라는 전쟁의 폐허 속에서도 포기하지 않고 땀과 노력으로 경제를 일으켜 세웠어요. 많은 사람의 희생과 책임감 있는 선택, 그리고 치밀한 계획이 모여 이룩한 성과였지요. 이것이 우리나라의 경제 발전을 그저 '기적'이라고만 부를 수 없는 이유랍니다.

●

경제가 성장하면 좋은 점만 있는 건가요?

빛이 있는 곳에는 그림자가 생겨요. 한국의 기적 같은 경제 성장 뒤에도 어두운 그림자가 생겨났지요.

앞서 값싸고 품질 좋은 상품을 만들어 내기 위해 우리나라 노동자들이 적은 임금을 받으면서 열심히 일했다고 했지요? 당시에는 노동자들이 일하는 환경도 몹시 열악했습니다. 노동자들은 환풍기도 없는 좁은 공간에서 하루에 열 시간이 넘게 일했고, 그러다 건강이 안 좋아지면 해고되는 경우도 흔했어요.

이 문제에 정면으로 맞선 사람이 있었어요. 바로 전태일이라는 평화 시장의 노동자입니다. 그는 우리나라의 노동 환경 개선과 노동자들의 권리를 보호하기 위해 자신의 몸에 불을 붙였습니다. 자신을 태워 우리나라에 드리운 어두운 그늘을 밝히려 한 거예요.

집안이 가난했던 전태일은 어린 시절부터 학교도 다니지 못하고 빈 병을 줍거나 신문을 팔며 돈을 벌어야 했어요. 그러다가 그는 평화 시장의 한 봉제 공장에서 일하게 되었지요. 당시 평화 시장이 있던 청계천 일대는 전국에 팔리는 기성복의 약 칠십 퍼센트를 만들어 낼 만큼 엄청난 생산력을 자랑했습니다.

전태일은 부지런히 일해 남들보다 빨리 정식 재단사가 되었지만 여전히 힘겨운 삶을 살아야 했어요. 당시 평화 시장은 '닭장'이라 불릴 만큼 노동 환경이 열악했거든요. 노동자들은 다닥다닥 붙어 앉아 쉴 틈도 없이 하루 열네 시간 넘게 일해야 했어요.

어느 날, 전태일은 함께 일하던 어린 여성 노동자가 병에 걸려 피를 토하는 모습을 보았어요. 그리고 얼마 뒤 그가 해고되었다는 사실을 알게 되었습니다. 병이 든 노동자가 마치 고장 난 부품처럼 버려지는 현실을 마주한 거예요.

동료를 위해 아무것도 할 수 없었던 전태일은 무력함을 느꼈어요. 그때 그에게 한 줄기 희망처럼 다가온 것이 있었어요. 바로 '근로기준법'이었습니다.

한 명의 노력으로
세상이 바뀔 수 있나요?

근로기준법은 노동자의 기본적인 생활을 보장하기 위해 근로 조건을 정해 놓은 법입니다. 전태일이 평화 시장의 노동자로 일하던 당시에도 근로기준법은 존재했어요. 하루 여덟 시간 일하고, 일주일에 평균 하루 이상 유급 휴가를 주어야 한다고 법으로 정해져 있었습니다. 그러나 실제로 노동자들이 일하는 현장에서는 이러한 법이 제대로 지켜지지 않았던 것이지요.

전태일은 밤새 사전을 찾아가며 어려운 한자로 가득한 근로기준법을 공부했습니다. 근로기준법의 내용을 제대로 알게 된 전태일은 법만 제대로 지켜진다면 노동자들의 삶이 달라질 수 있다는 희망에 가슴이 벅차올랐습니다.

그때부터 전태일은 평화 시장 노동자들의 근로 환경을 직접 조사해서 그들의 비참한 현실을 여러 행정 기관과 노동청에 알렸어요. 심지어 대통령에게 편지까지 써서 보냈습니다.

저희들의 요구는 1일 15시간의 작업 시간을 1일 10~12시간으로 단축해 달라는 것입니다. 또 지금은 한 달에 두 번 쉬지만 일요일마다 휴일로 쉬기를 희망합니다. … 인간으로서 최소한의 요구입니다.

하지만 어떤 행정 기관에서도, 대통령에게서도 답은 오지 않았어요. 분노한 전태일은 근로기준법 화형식을 계획했습니다. 노동자들을 모아 플래카드를 만들고 시위를 할 계획이었어요. 하지만 이 역시 공장 측과 경찰의 방해로 시작조차 하지 못했습니다.

결국 전태일은 자신의 몸에 기름을 부었습니다. 그는 몸에 불을 붙인 채 평화 시장 앞길로 뛰쳐나와 외쳤어요.

"노동자들은 부품처럼 버려지는 기계가 아니다. 근로기준법을 지켜라!"

병원으로 옮겨진 전태일은 그날 밤 숨을 거두고 말았어요. 그의 죽음은 한국 사회에 엄청난 충격을 줬어요. 이후 전태일의 영향을 받은 사람들의 노동 운동이 이어지며 노동자들의 삶은 조금씩 바뀌기 시작했습니다.

전태일이 일하던 평화 시장에도 노동조합이 만들어졌어요. 노동자들의 비참한 현실을 깨달은 사람들이 목소리를 모았습니다.

전태일이 노동 운동에 나서게 된 계기는 공장에서 함께

일하던 아픈 동료 노동자가 해고된 사건이었어요. 그는 본인이 해고된 것도 아닌데 왜 그토록 간절하게 노동 운동을 펼친 것일까요? 주변 사람들이 "네가 뭘 바꿀 수 있겠냐"라며 비웃기까지 했는데도 말이에요.

전태일은 노동자의 삶이 바뀔 수 있다는 희망을 잃지 않았기에 자신의 목숨을 바칠 정도로 간절할 수 있었어요. 그리고 그의 간절함은 실제로 우리나라의 근로 환경을 바꾸는 출발점이 되었습니다.

●

우리나라 경제 발전은 계속해서 순조로웠나요?

1980년대가 되면 세계적으로 경제 상황이 좋아집니다. 당시 우리나라는 저달러, 저유가, 저금리라는 세 가지 유리한 국외 상황이 펼쳐지며 '3저 호황'을 누렸지요. 달러 가치가 낮아지자 해외에서 원자재를 싸게 살 수 있었어요. 원유를 수입하는 한국에 저유가는 비용 감소로 이어졌고요. 저금리는 외국에서 빌린 돈의 이자를 줄어들게 했습니다.

그 결과 한국 경제는 크게 성장했고, 1996년에는 OECD(경제 협력 개발 기구)에 가입했어요. OECD에 속한 국가는 선진국 대열에 들어섰다고 인정받기도 하지요.

순조로워 보였던 우리나라의 경제 성장에 빨간불이 켜진 것은 바로 그때였습니다. 그동안 다른 나라에서 무리하게 돈을 빌려 회사 규모를 키웠던 우리나라 기업들에 위기가 닥쳤거든요.

1997년 환율이 폭등하자 외국에 진 빚이 눈덩이처럼 불어났어요. 그때 우리가 가진 외화는 사십억 달러에도 미치지 못했는데 빚은 천오백억 달러가 넘었다고 해요. 보유한 외화는 금세 동이 났고, 외국에서 빌린 돈을 갚지 못한 수많은 기업들이 파산이나 부도로 줄줄이 무너졌어요.

한국은 어쩔 수 없이 IMF(국제 통화 기금)에 도움을 요청해 돈을 빌렸습니다. 그 대가는 혹독했어요. IMF의 지시대로 경제 정책을 펼쳐야 했거든요. 그 과정에서 수많은 사람이

일자리를 잃고 실업자가 되었습니다. 직장을 잃은 사실을 가족에게 알리지 못해 양복을 입고 떠도는 회사원들의 이야기가 언론에서 보도되기도 했어요.

이때 위기를 극복할 수 있는 발판을 마련한 것은 바로 국민들이었습니다. '금 모으기 운동'이 시작된 거예요. 금은

모든 나라에서 통용되는 화폐 역할을 하거든요.

국민들은 나라의 빚을 갚기 위해 각자 가지고 있는 금을 기꺼이 내놓았습니다. 장롱 속에 고이 간직해 두었던 아이의 돌 반지, 신혼부부의 결혼반지, 심지어 평생의 자랑거리로 간직하는 운동선수의 금메달까지 나왔어요. 금 모으기에 동참하려는 사람들의 줄이 끝이 보이지 않을 정도로 길게 늘어섰습니다.

그렇게 모은 금은 세 달 동안 이백 톤이 넘었다고 해요. 나라의 위기를 함께 이겨 내기 위해 모두가 힘을 모은 결과였습니다. 이러한 노력이 모여 우리나라는 IMF로부터 빌린 돈을 예정보다 삼 년이나 빠르게 갚을 수 있었어요.

경제 위기를 극복한 우리나라는 이제 세계에서 열 손가락 안에 드는 경제 강국으로 성장했습니다. 지금은 우리나라에서 생명 공학, 로봇 산업 같은 첨단 산업이 빠르게 발전하고 있어요. 'K-컬처'라는 새로운 단어가 생길 정도로 한국의 문화 산업 역시 전 세계에서 큰 영향력을 발휘하고 있지요. 그러나 과거와는 달리 우리 사회에는 새로운 과제들도 등장하고 있습니다.

이제 잘산다는 것은 단지 좋은 음식을 먹고 비싼 옷을 입는 데서 끝나지 않아요. 사회에서 차별받는 사람들을 돌아보고, 환경 문제에 관심을 가지며, 사람들 사이의 갈등을 줄여 가야만 모두가 잘 사는 세상을 만들 수 있답니다.

✖ 큰별쌤 한마디 ✖

나라가 위기에 빠졌을 때 등장한 히어로는 '우리'였다

우리나라의 경제 발전은 매우 빠르게 이루어졌습니다. 세계 여러 나라가 기적이라고 할 정도였으니까요. 하지만 성장이 빠른 만큼 위기도 많았어요. 그래서 우리나라의 경제 발전 역사는 곧 '위기를 극복해

낸 역사'이기도 합니다.

대한민국은 한때 세계에서 가장 가난한 나라 중 하나였지만 이제는 선진국으로 불리고 있어요. 앞으로 더 잘 사는 나라가 되기 위해서는 다가올 새로운 위기들을 슬기롭게 이겨 내야 합니다. 그러기 위해서는 우리 모두 힘을 모아야 해요.

오직 '나'만 생각했다면, 자신을 희생해 노동 환경을 바꾸려 했던 전태일도, 경제 위기 속에 돌반지를 내놓은 국민들도 없었겠지요.

우리는 모두 공동체 안에서 살아갑니다. 사람은 혼자 살아갈 수 없어요. 함께 힘을 모아야 더 나은 삶을 만들 수 있지요. 진정으로 잘사는 나라를 만들기 위해서는 서로를 도우려는 따뜻한 마음이 필요해요.

물론 공동체를 위해 개인의 희생을 강요해서는 안 됩니다. 그런 사회를 만들기 위해서는 합리적인 제도와 정책이 함께 마련되어야 해요. 그리고 그 제도는 우리 모두가 함께 고민하고 만들어 가야겠지요.

위기가 왔을 때 우리가 잊지 말아야 하는 것은 대한민국이 그동안 위기를 어떻게 극복했는지에 대한 기억입니다. 우리의 삶을 역사적으로 바라볼 수 있다면, 어느 날 닥친 위기에서 우리를 구할 영웅은 바로 여러분이 될지도 몰라요.

"나는 우리나라가 세계에서 가장 강한 나라가 아닌,
가장 아름다운 나라가 되기를 원합니다.
내가 꼭 가지고 싶은 것은 높은 문화의 힘입니다.
문화의 힘은 우리 자신을 행복하게 하고,
나아가서 남에게 행복을 주기 때문입니다."
-
김구 (1876~1949)

9장

우리는 어떤 과정을 거쳐서
지금처럼 살게 되었나요?

2018년 9월, 대한민국의 케이팝 그룹 BTS가 젊은 세대를 대표하는 아이콘으로서 유엔 총회 무대에 섰습니다. 우리나라 가수가 유엔 총회에서 연설하는 것은 이때가 처음이었어요.

연설에서 BTS 리더 RM은 "우리는 우리 자신을 사랑하는 법을 배워야 한다. 자신을 사랑하는 것은 세상의 목소리에 위축되지 않고 자신의 목소리를 내는 것이다"라고 말했어요. 그의 말처럼 BTS의 노래는 전 세계 사람들이 삶의 어려움을 극복하고 자기 자신을 사랑하는 데 도움을 주었습니다.

이듬해인 2019년에는 봉준호 감독이 영화 〈기생충〉으로 세계 3대 영화제 중 하나인 칸 영화제에서 최고의 작품에 주어지는 황금종려상을 받았습니다. 이 역시 대한민국 역사상 최초였어요.

이런 장면들을 보며 많은 생각이 들었습니다. 광복 이후 불과 몇십 년 만에 우리나라가 외국 문화를 받아들이는 나라에서 우리 문화를 세계에 전파하고, 전 세계에 긍정적인 영향을 미치는 나라로 성장했으니까요.

대한민국의 문화가 이렇게 발전하기까지 우리 역사에는 정말 우여곡절이 많았습니다. 우선 서양 문화가 한반도로 물밀듯이 몰려오던 조선의 개항기로 떠나 우리 문화의 발전 과정을 살펴보기로 해요.

임금과 전화할 때
절을 해야 했다고요?

조선 후기에 접어들면 우리나라에 서양의 문물이 들어오기 시작합니다. 처음에는 중국을 통해 서양에서 만들어진 물건이나 기술을 접했어요. 그러다가 점차 서양 세력이 직접 조선에 접근하기 시작했지요.

앞에서 살펴본 것처럼, 이때 고종의 아버지 흥선 대원군은 통상 수교 거부 정책을 펼치며 서양과의 교류를 막았습니다. 서양 세력이 통상을 앞세워 우리나라를 침략할 것이라고 생각했기 때문이에요.

그렇지만 세상이 변화하는 흐름을 막을 수는 없었어요. 나중에 고종이 아버지의 그늘에서 벗어나 나라를 직접 다스리게 된 후, 조선은 일본과 강화도 조약을 맺으며 나라의 문을 열었습니다.

나라의 문을 연 뒤 조선에는 수많은 근대 문물이 들어와 사람들의 생활을 바꿔 놓았습니다. 대표적인 것 중 하나가 전화기예요. 물론 당시의 전화기는 우리가 들고 다니는 스마트폰과는 완전히 달랐어요. 통화하고 싶은 사람에게 직접 전화를 거는 것이 아니라 전화기를 돌려 교환원에게 연락하면 교환원이 다른 사람에게 전화를 연결해 주었지요.

최초의 전화기는 궁궐에 설치되었어요. 당시에는 고종이 신하들에게 명령을 내릴 때 사용되었지요. 신하들은 고종의 전화를 받을 때 관복을 단정히 정리하고, 전화기 앞에서 큰절을 네 번 한 뒤 무릎을 꿇고 엎드려 전화를 받았다고 전해집니다. 전화라는 새로운 문물이 생소했기 때문에 전화 앞에서도 임금에 대한 예를 갖추었던 거예요.

전기의 힘을 처음으로 이용하게 된 것도 이때쯤부터예요. 전깃불도 고종 때 경복궁 안에 처음 설치되었습니다. 전기의 힘으로 달리는 전차도 개통되었고요. 지금은 전기를 이용하는 물건이 워낙 많지만, 당시 사람들에게는 정말 신기한 광경이었을 거예요.

또 전국 곳곳을 잇는 철도도 개통되었습니다. 당시에는

기차를 '화륜거'라고 불렀다고 해요. 불을 내뿜으며 달리는 수레라는 뜻이지요. 서울과 인천을 잇는 철도를 시작으로 서울과 부산, 서울과 의주를 잇는 철도가 차례로 개통되었어요.

이러한 철도는 모두 일본에 의해 설치되었어요. 왜 남의 나라 철도를 일본이 놓아 주었냐고요? 바로 조선을 침략하기 위해서였습니다. 조선에서 수확한 곡식을 일본으로 실어 나르고, 전쟁에 필요한 군인들을 이동시키기 위해 철도가 필요했던 거지요. 실제로 한반도에서 러일 전쟁이 벌어졌을 때 일본은 철도를 이용해 일본 군인들을 전쟁터로 빠르게 보낼 수 있었습니다.

이처럼 근대 문물은 우리의 삶을 편리하게 만들어 주는 도구였지만, 한편으로는 침략의 수단으로 이용되기도 했습니다. 특히 일본은 근대 문물을 앞세워 우리 민족을 효과적으로 지배하려고 했지요.

문화를 지키는 것도
독립운동이었다고요?

　우리의 국권을 강제로 빼앗은 일본은 시기별로 통치 정책을 바꿔 가면서 우리 민족을 짓눌렀어요. 일본은 특히 우리 문화를 없애는 데 신경을 쏟았습니다. 우리말, 우리글, 우리 역사 등 우리 민족의 정신을 이루는 요소들을 제한하거나 왜곡하려 했어요.

　일제 강점기에는 우리말이 국어의 지위를 빼앗기고 '조선어'라는 이름으로 불렸습니다. 학교에서는 '국어'로 일본어를 가르쳤어요. 이런 상황에서 우리말과 글은 점점 설 자리를 잃어 갔지요.

　또 일본은 역사를 왜곡하고 조작해서 마치 우리 역사가 중요하지 않은 것처럼 보이게 했어요. 이런 정책들 때문에 우리 민족은 우리말과 역사, 그리고 정체성을 지키는 데 많은 어려움을 겪었습니다.

그렇지만 이 힘든 시간 속에서도 우리 문화를 지켜 낸 사람들이 있었습니다. 이윤재와 최현배 같은 학자들은 조선어 학회를 만들고 한글 맞춤법 통일안을 제정하는 등 우리말과 글을 지키기 위해 노력했어요.

일본의 역사 왜곡에 맞서 싸운 역사학자들도 있었어요. 신채호는 외세의 침략에 당당히 맞선 인물들의 이야기를 통해 우리 민족이 자부심을 느낄 수 있도록 했어요. 그래서 수나라의 백만 대군을 물리친 을지문덕, 거란의 침입을 막아 낸 강감찬, 임진왜란에서 활약한 이순신 장군의 위인전을 썼지요.

일제 강점기의 또 다른 역사학자인 박은식은 "지금은 일본에 나라를 빼앗겼지만, 민족의 혼(국혼)을 지킨다면 언젠가는 반드시 독립할 수 있다"고 강조했어요. 이들의 활동은 어려운 시기를 견디던 우리 민족에게 큰 자긍심과 희망을 안겨 주었습니다.

당시 우리 민족의 가장 큰 목표는 '독립'이었어요. 그리고 그 독립을 이루는 방법 중 하나가 우리 문화를 지키는 일이었지요. 독립을 향한 희망을 품고 노력한 많은 사람들 덕분에, 우리는 오늘날 자랑스러운 한국 문화를 지켜 낼 수 있었습니다.

●
경찰이 길거리에서 사람들의 머리카락을 잘랐다고요?

광복 이후 1960년대와 1970년대를 지나며 한국 경제는 눈에 띄게 발전했어요. 경제가 성장하면서 젊은 사람들 사이에는 새로운 문화가 나타나기 시작했지요.

1970년대에는 전 세계적으로 유행하던 문화가 한국에도 들어왔습니다. 긴 머리, 청바지, 미니스커트, 통기타 같은 것들이 크게 유행했지요. 하지만 당시 독재 정권은 이런 자유로운 문화를 허용하지 않았어요. 자유로운 생각과 표현이 커지면 독재에 저항하는 사람들이 많아질 거라고 생각했기 때문이에요.

1970~80년대 독재 정권 시절에는 실제로 경찰들이 가위를 들고 다니며 머리가 긴 남성들의 머리카락을 강제로 자르곤 했습니다. 여성의 경우 경찰이 자를 들고 다니며 치마 길이를 재고, 치마가 기준보다 짧으면 옷을 갈아입게 하거나 경찰서에 데려가기도 했어요. 머리 모양이나 옷차림조차 자유롭게 선택할 수 없었던 시기였지요.

또한 독재 정권을 비판하는 음악도 금지되었습니다. 수백 곡이 넘는 노래가 사회를 깨끗하게 만든다는 명분으로 금지곡으로 지정되었어요. 특히 정부에 비판적인 내용이 담긴 곡들은 더욱 엄격하게 규제되었습니다.

독재 정권은 문화를 국민의 관심을 정치에서 돌리는 수단으로 활용하려고도 했어요. 대표적인 사례가 바로 '프로야구'이지요. 오늘날 프로야구는 우리나라에서 가장 인기 있는 스포츠 중 하나지만, 1982년 프로야구가 처음 출범할 당시에는 국민들이 시위나 정치 대신 스포츠에 몰두하도록 하기 위해 독재 정권이 추진한 정책이었어요.

그렇지만 민주화를 바라는 사람들의 마음은 결코 꺾이지

않았습니다. 민주화를 외치며 거리에 나온 시민들은 금지곡으로 지정된 노래를 함께 부르며 서로의 의지를 다졌어요. 이렇게 음악과 문화는 사람들을 하나로 묶고, 민주화 운동의 힘을 키워 주는 중요한 역할을 했습니다.

●

지금 우리가 누리는 문화는 어떻게 만들어졌나요?

지금으로부터 수십 년 전만 해도 대한민국은 세계적으로 크게 주목받지 않는 나라였어요. '한류'나 'K-' 문화도 그때는 존재하지 않았습니다. 당시 우리나라는 주로 외국 문화를 받아들이는 입장이었어요.

하지만 1990년대부터 한국 음악은 조금씩 세계에 알려지기 시작했어요. 처음에는 일본이나 중국처럼 가까운 아시아 국가에서 인기를 얻었고, 2000년대에는 보아, 동방신기, 빅뱅, 원더걸스 같은 가수들이 큰 성공을 거두었지요.

그리고 2010년대에는 소셜미디어와 유튜브의 힘으로 케이팝이 유럽과 미국 등 전 세계로 퍼져 나가기 시작했지요. 마침내 2020년, BTS가 'Dynamite'라는 곡으로 미국 빌보드 메인 싱글 차트인 '핫 100'에서 1위를 차지했어요. 한국 가수로서는 처음 있는 일이었답니다.

음악뿐 아니라 영화 〈기생충〉이나 드라마 〈오징어 게임〉도 전 세계에서 큰 인기를 끌며 한국 문화의 위력을 보여 주었어요. 요즘은 한국에서 만든 라면, 화장품 같은 제품들도 세계 여러 나라에서 인기리에 판매되고 있지요.

이러한 현상은 단순한 유행이 아니에요. 우리 문화가 얼마나 깊고 강한 힘을 가지고 있는지를 보여 주는 증거입니다. 일제 강점기의 억압과 독재 정권의 탄압 속에서도 수천

년 동안 이어져 온 우리의 문화를 지켜 내고 발전시키려 했던 많은 사람의 노력이 있었기에 가능한 일이었지요.

✖ 큰별쌤 한마디 ✖

미래를 만드는 주인공은 바로 나 자신이다

역사를 살펴보면 우리 문화는 시대의 과제를 해결해 나가며 발전해 왔다는 것을 알 수 있어요. 서양 문물이 들어오던 시기에는 새로운 문화를 통해 세상의 변화를 꿈꾸었고, 일제 강점기에는 우리 문화를 지키며 언젠가 반드시 올 독립을 기다렸지요.

광복 이후에도 마찬가지였어요. 독재 정권 아래에서 사람들의 개성과 자유를 강조하는 문화가 꽃피운 것도 민주화라는 과제를 해결하기 위한 하나의 방식이었던 거예요.

　이처럼 우리 문화는 늘 시대와 호흡하며 성장해 왔습니다. 이제는 서양 문화를 그저 받아들이기만 하던 시기를 지나 오히려 우리 문화를 전 세계에 전파하는 나라가 되었지요.

　하지만 앞으로 우리가 풀어야 할 새로운 숙제도 있어요. 그중 하나는 '다른 문화를 이해하고 존중하는 마음'을 갖는 것이에요. 우리 문화가 세계인들의 사랑을 받는 만큼, 우리도 다른 나라와 민족의 문화를 존중해야 하겠지요.

　그리고 이 숙제를 풀어 갈 주인공은 바로 여러분이에요. 과거의 역사 속 인물들이 시대의 과제를 해결하며 문화를 지키고 발전시켰듯이, 이제는 여러분이 역사의 주인공이 되어 미래를 만들어 나가야 해요.

　역사를 기억하고, 다가올 미래에 관심을 갖는다면 우리는 우리 주변부터 조금씩 바꿔 나갈 수 있어요. 그 작은 변화들이 결국 새로운 역사를 만든답니다.

"통일은 이제 시작일 뿐입니다.
시간이 걸릴 것입니다. 인내심이 필요하고
또 성의가 필요합니다. 쉬운 것부터 하나하나 밟아 나가면서
가능한 것부터 풀어 나가는 동안 서로 믿음이 생기고
신뢰가 형성될 것입니다."

-

김대중 (1924~2009)

10장

우리는 왜 통일을 위해 노력해야 하나요?

우리나라의 전쟁이 아직 끝나지 않았다는 사실을 알고 있나요? 우리는 지금 수십 년 동안 비교적 평화로운 시기를 보내고 있어요. 그래서 전쟁은 다른 나라의 일이라고만 여기는 친구도 있을지 몰라요. 그렇지만 우리는 북한과 '정전' 상태입니다. 정전은 잠시 전쟁을 멈춘 것을 말해요. 아직 전쟁이 완전히 끝나지 않았다는 뜻입니다.

2010년 11월에는 북한군이 대한민국 영토인 연평도를 포격하는 사건이 일어났어요. 이 사건으로 주민들이 사는 집이 파괴되고 민간인 두 명이 희생되는 너무나도 안타깝고 슬픈 일이 벌어지고 말았어요. 그때 우리는 두려운 마음과 함께 완전한 평화가 얼마나 중요한지 깨달았습니다.

통일은 나와 상관없는 일이라고 생각하는 친구도 있을 거예요. 당장 나의 하루하루는 평화로우니까요. 누군가는 통일이 되면 비용이 많이 들 테니 손해를 본다고 생각해 반대하기도 합니다.

여러분의 생각은 어떤가요? 답은 각자 다를 수 있지만, 통일이 대한민국 국민에게 미치는 영향이 엄청날 거라는 사실은 분명합니다.

통일이 되면 어떤 점이 좋을까요? 우리는 왜 통일을 해야 할까요? 통일이 우리에게 어떤 의미를 가지는지를 이해하려면 먼저 역사를 살펴볼 필요가 있습니다.

6·25 전쟁 이후 우리나라는 남과 북으로 나뉘며 오랜 시간 동안 분단의 아픔을 겪어야 했어요. 그 아픔은 아직도 끝

나지 않았지요. 역사의 길을 따라 걸어가다 보면 여러분이 앞으로 어떤 길을 걸어가야 할지, 그 방향도 어느새 눈앞에 또렷이 드러날 거예요.

●

이렇게 평화로운데
아직 전쟁이 끝나지 않았다고요?

우리 역사에서 가장 비극적인 순간 중 하나가 6·25 전쟁이에요. 이 전쟁으로 군인과 민간인을 합쳐 수백만 명이 죽거나 다쳤지요. 목숨 건 피난길에서 부모를 잃거나 가족과 헤어진 사람도 많았고요.

6·25 전쟁은 '냉전'이라는 세계사적 흐름 속에서 일어난 전쟁입니다. 냉전 체제란 제2차 세계 대전 이후 미국과 소련이 각각 자본주의 진영과 사회주의 진영의 중심이 되어 서로 대립하고 경쟁하던 국제 질서를 말합니다. 6·25 전쟁 이후에도 냉전 체제가 한동안 이어졌어요. 남한과 북한 역

시 서로 대화를 시도하지 않고 군사적 대립과 경쟁을 이어 갔습니다.

1970년대에 들어서며 이러한 긴장 상태가 누그러지기 시작했어요. 드디어 남한과 북한이 대화의 첫걸음을 내딛습니다. 1972년 박정희 정부 시기에 '7·4 남북 공동 성명'이 발표된 거예요. 7·4 남북 공동 성명에는 '자주', '평화', '민족 대단결'이라는 평화 통일의 3대 원칙이 담겨 있었어요.

> 첫째, 통일은 외국에 의존하거나 외국의 간섭을 받지 않고 자주적으로 해결해야 한다.
> 둘째, 통일은 상대방을 반대하는 무력 행사가 아닌 평화로운 방법으로 실현해야 한다.
> 셋째, 사상과 이념, 제도의 차이를 넘어 우선 하나의 민족으로서 민족적 단결을 도모해야 한다.

이 세 가지 원칙은 지금까지도 남북 관계의 중요한 방향을 제시하고 있을 만큼 큰 의미를 가집니다. 7·4 남북 공동

성명은 통일이 전쟁이 아닌 대화로 이루어질 수 있음을 보여 주었거든요. 또 남북이 처음으로 대화를 통해 합의한 성명이었기에 더욱 특별하지요.

남북 관계는 1991년 소련이 무너지면서 냉전 체제가 막을 내리자 더욱 활발해졌습니다. 그해 남한과 북한은 동시에 유엔에 가입했는데, 이는 남한과 북한이 서로를 국제적으로 인정한 역사적인 순간이었습니다.

이 같은 분위기에서 남북은 '남북 기본 합의서'를 채택했어요. 노태우 정부 때 추진된 남북 기본 합의서는 남북이 처음으로 공식적으로 체결한 합의서라는 점에서 큰 의미가 있습니다.

합의문에서는 남북의 화해와 교류, 그리고 협력을 강조했어요. 남북 관계는 잠정적 특수 관계이며, 남북 교류는 민족적 교류라고 정의했습니다. 우리나라가 완전히 분리된 것이 아닌 하나의 민족이며, 분단은 임시 상황이기 때문에 앞으로 통일로 나아간다는 의미를 담은 거예요.

남북 기본 합의서는 한반도의 평화 통일을 위한 분위기

를 만드는 데 큰 도움이 되었어요. 이러한 흐름은 이후 남북 정상 회담으로 이어졌지요. 언제 다시 전쟁이 일어날지 몰라 불안했던 상황에서 점차 벗어나 남과 북은 평화를 향해 한 걸음씩 나아갔어요.

●

**지금도 이산가족이
생겨나고 있다고요?**

6·25 전쟁은 많은 이산가족을 만들어 냈어요. 이산가족이란 전쟁 중에 이리저리 흩어져서 서로 소식을 모르는 가족을 뜻합니다. 가족을 영영 만나지 못한다고 상상해 보세요. 얼마나 슬플지 짐작조차 가지 않아요.

1983년은 남과 북이 휴전한 지 삼십 년 되는 해였어요. 이때 기획된 특별 생방송이 있었습니다. 이산가족을 찾아 주면서 전쟁의 비극을 전 세계에 알리는 〈이산가족을 찾습니다〉라는 프로그램이었어요.

이 프로그램의 방송 분량은 원래 두 시간이었어요. 열 가족 정도를 찾아 주고 끝날 것으로 예정되어 있었지요. 그런데 이 생방송은 무려 138일 동안 이어졌어요. 나중에 기네스북에도 올라갔지요. 도대체 어떻게 된 일이었을까요?

방송이 시작되자 여의도 방송국 앞 광장에는 전쟁으로 헤어진 가족을 찾으려는 사람들의 행렬이 끝없이 이어졌어요. 정말 폭발적인 반응이었지요. 종이를 붙일 만한 모든 곳에 가족을 찾는 벽보가 빼곡히 붙었습니다. 글을 모르는 노인을 위해 학생들은 벽보를 대신 써 주기도 했어요. 모두가 간절한 마음이었던 거지요.

사람들의 간절한 마음을 확인한 방송국은 원래 예정되어 있던 방송을 모두 취소할 수밖에 없었어요. 방송국은 이산가족을 찾는 생방송을 밤낮으로 이어갔습니다. 총 453시간 45분 동안 말이에요. 생방송이 이어지는 동안 가족을 찾아 달라는 신청이 십만 건을 넘었고, 무려 일만여 명의 이산가족이 다시 만날 수 있었다고 합니다.

당시 프로그램에 사용되었던 녹화 원본 테이프 463개,

담당 PD들의 업무 수첩, 이산가족이 작성한 신청서 등 2만 522건의 기록물은 그 가치를 인정받아 2015년 유네스코 세계 기록 유산으로 등재되었어요. 또한 이 방송은 이 년 뒤인 1985년, 이산가족들이 처음 공식적으로 상봉했던 남북 이산가족 상봉의 발판이 되었습니다.

가족들이 서로 보고 싶어도 만날 수 없는 사회는 정상적인 사회라고 부르기 어렵습니다. 그렇지만 아직도 가족을 만나지 못한 채 그리워하며 살아가는 이산가족이 남아 있어요. 심지어 지금도 새로운 이산가족이 생겨나고 있지요. 북한에서 살다가 탈북하는 과정에서 가족과 떨어지게 된 사람들입니다.

이산가족 문제는 오래전에 끝난 일이 아니라 지금도 계속되는 현실이에요. 이 모든 것은 지금 우리가 분단된 나라에 살고 있기 때문에 생겨나는 일이지요.

앞으로 남과 북의 관계가 개선되고 서로 자유롭게 오갈 수 있게 되어 이산가족이 하루빨리 가족을 다시 만날 수 있었으면 좋겠어요. 그날이 꼭 오기를 간절히 바랍니다.

- ### 1,001마리의 소 떼를 이끌고 북한에 간 사람이 있다고요?

1998년, 현대 그룹 명예 회장이었던 정주영은 두 차례에 걸쳐 1,001마리의 소를 끌고 판문점을 넘어 북한을 방문했어요. 남한의 사업가가 소를 끌고 북한으로 간다는 사실만으로도 엄청난 화제를 불러일으켰습니다. 세계 언론이 '예

술 작품'이라고 표현할 정도로 어마어마한 광경이었지요.

　소를 태운 트럭 오십여 대가 농장을 떠나 판문점으로 향하자, 트럭이 지나는 길목마다 남과 북의 분단으로 고향에 갈 수 없는 사람들이 나와서 소들을 배웅했어요. 고향을 향한 애틋한 마음을 가득 담은 인사였습니다.

　정주영의 고향은 지금은 북한 지역인 강원도 통천군 성전면 아산리입니다. 도로를 가득 메운 1,001마리 소 떼의 시작은 정주영의 아버지가 누이를 시집보내려고 판 소 한

마리 값 칠십 원이었어요. 당시 열여덟 살이었던 정주영은 이 돈을 훔쳐 가출했지요.

고향을 떠나 서울로 온 그는 쌀가게에 배달원으로 취직했어요. 열심히 일해서 번 돈으로 마침내 자신의 쌀가게도 차렸지요. 쌀가게 운영으로 번 돈은 다시 자동차 수리 공장을 여는 데 썼습니다. 이 수리 공장이 지금의 현대 자동차의 시작이었어요.

나중에 대기업 회장이 된 정주영은 어릴 때 훔친 소 한 마리 값을 갚기 위해 북한으로 1,001마리의 소를 보냈어요. 그런데 왜 하필 1,001마리였을까요?

정주영이 처음에 생각한 것은 1,000마리였어요. 하지만 곧 남과 북이 하나가 되자는 의미와 의지를 담아 한 마리를 더 추가했지요. 또 1,001은 끝이 아닌 새로운 시작이기를 바라는 메시지도 반영되어 있다고 해요. 진정한 한반도 평화를 위한 노력이 이후로도 계속되기를 바라는 마음이었습니다.

정주영의 소 떼 방북은 어느 날 갑자기 이루어진 일이 아니었어요. 그는 1992년부터 서산에 농장을 만들고 소를 키우기 시작했지요. 수년 동안 준비한 정주영은 먼저 500마리의 소를 몰고 북한으로 향했고, 사 개월 후에는 다시 501마리의 소를 몰고 판문점을 지났습니다.

정주영은 "빚을 갚기 위해 꿈에 그리던 고향을 찾아가는 것입니다. 저의 이번 방문이 남북 간의 화해와 평화를 이루는 주춧돌이 되기를 진심으로 원합니다"라는 소감을 밝혔어요. 소 떼가 판문점을 넘는 순간, 판문점은 분단의 장벽이 아니라 남북을 잇는 통로가 되었습니다.

정주영의 소 떼 방북 장면은 당시 미국의 뉴스 채널인 CNN에서 생중계로 내보낼 정도로 전 세계의 주목을 받았습니다. 이는 달라지는 남북 관계를 세계에 알리는 상징적인 사건이 되었어요.

정주영의 바람대로 이 사건은 끝이 아닌 새로운 시작이 되었습니다. 소 떼 방북 이후 금강산 관광 사업을 추진하기로 합의하며 남북 경제 협력이 시작되었거든요.

남북 정상 회담은
우리에게 어떤 의미인가요?

1998년은 김대중 대통령이 당선되면서 '햇볕 정책'이 시작된 해예요. 햇볕 정책이라는 이름은 이솝 우화 〈바람과 해님〉 이야기에서 나왔어요. 바람과 해님이 나그네의 외투를 벗기려고 경쟁했지만, 강한 바람이 아니라 따뜻한 햇볕이 결국 나그네의 외투를 벗겼다는 내용에서 따왔지요.

김대중 정부는 북한과 대립만 하지 않고 따뜻한 햇볕처럼 다가가 마음을 열겠다는 의도로 적극적인 대북 화해 협력 정책을 추진했어요. 이러한 정책 아래 정주영 회장의 소떼 방북도 이루어질 수 있었던 것이지요. 이후 남북 사이에는 화해의 분위기가 점차 커졌습니다. 마침내 2000년 6월, 분단 이후 처음으로 남과 북의 정상이 평양에서 만나게 되었어요.

당시 북한의 지도자였던 김정일 국방위원장은 공항으로

마중 나와 김대중 대통령을 맞이했어요. 두 정상이 손을 맞잡는 장면은 온 국민의 기억에 깊이 남은 역사적인 순간이었습니다. 두 정상은 사흘 동안 회담을 진행했고, 그 결과로 6·15 남북 공동 선언을 발표했어요.

이 공동 선언은 남북 관계에 큰 변화를 가져왔습니다. 이산가족 상봉이 이루어졌고, 남한과 북한은 함께 개성 공단을 조성하기로 했어요. 또한 분단으로 끊겼던 경의선 철도를 다시 연결하기로 합의했고, 금강산 관광도 바닷길뿐 아니라 육로로도 확대되었습니다.

이러한 분위기는 노무현 정부까지 이어져 2007년에는 제2차 남북 정상 회담이 열렸습니다. 문재인 정부 시기인 2018년에는 평창 동계 올림픽 대회에 북한 국가대표 팀이 참가했고, 여자 아이스하키는 남북 단일팀을 구성하기까지 했어요. 그리고 같은 해 4월 27일에는 또다시 남북 정상 회담이 성사되었지요.

판문점에서 남한과 북한의 정상이 만나 손을 잡고 함께 웃는 모습은 국내외 많은 사람에게 그 어떤 말보다 큰 감동을 주었어요. 남과 북의 관계 변화에 대한 희망을 품게 했지요. 2018년 두 정상의 회담 이후 발표된 '판문점 선언'에서는 오랜 세월 정전 상태였던 남북한이 종전을 논의하고 한반도의 평화를 위한 협력을 약속했어요.

판문점 선언 직후 가장 먼저 통일된 것이 바로 '시간'이었어요. 원래 남북한 사이에는 삼십 분의 시차가 있었거든요. 북한은 우리보다 삼십 분 늦은 평양 표준시를 사용하고 있었습니다. 그러나 판문점 선언 이후, 북한은 남북 관계 개선의 상징으로 평양 표준시를 서울 표준시에 맞추겠다고 발표했습니다.

최근 북한의 미사일 도발 등으로 남과 북의 관계는 점점 얼어붙고 있어요. 시간이 너무 오래 지나면 남과 북이 서로의 차이를 좁히고 함께 나아갈 기회를 잃을지도 모릅니다. 이제는 남과 북이 마음을 열고 한반도의 평화를 위해 함께 노력해야 할 때입니다.

✖ 큰별쌤 한마디 ✖

우리가 앞으로 걸어갈 길에는 끝이 없다

여러분에게는 통일이라는 말이 어쩌면 추상적이고 멀게만 느껴질 수도 있어요. 하지만 우리가 함께 되짚어 본 역사 속 장면들은 통일과 완전한 평화가 결코 꿈만은 아니라는 희망을 보여 줍니다.

통일이 이루어지면 오랫동안 떨어져 지내던 가족들이 다시 만날 수 있어요. 전쟁의 걱정 없이 평화롭게 살아갈 수 있고, 더 넓은 땅과 풍부한 자원을 함께 쓰며 나라가 더욱 발전할 수도 있겠지요. 무엇보다 수천 년을 함께한 한민족이 다시 하나가 되는 것은 지극히 자연스러운 일입니다. 평화와 통일을 위한 노력은 미래에 더 나은 세상을 물려주는 길이에요.

물론 남북 관계가 언제나 순조롭기만 했던 것은 아닙니다. 북한의 미사일 시험 발사, 핵실험, 연평도 포격 같은 일들은 남북 관계를 얼어붙게 만들기도 했어요. 하지만 그러한 위기 속에서도 대화를 위한 노력은 계속되었고, 우리는 한 걸음씩 앞으로 나아가고 있지요.

여러분도 언젠가 자유롭게 가고 싶은 길을 마음껏 걸을 수 있기를 바랍니다. 지금은 군사 분계선이 그 길을 막고 있지만, 미래는 여러분의 손에 달려 있어요. 여러분이 내딛는 한 걸음 한 걸음이 곧 새로운 길이 될 것입니다.

한강의 기적을 이룬 앞 세대는 '가난을 물려주지 않겠다'라는 꿈을 꿨고, 결국 그 꿈을 이루어 냈습니다. 광장의 기적을 만들어 낸 시민들은 대한민국에 건강한 민주주의를 선물했지요. 그렇다면 여러분은 미래에 어떤 선물을 남기고 싶나요?

저는 언젠가 통일된 한반도에서 기차표를 사는 상상을 합니다. 그 표를 들고 서울역에서 출발해 북한을 지나 중국을 거쳐 프랑스 파리까지 가는 기차 여행을 하는 꿈을 꿔요. 기차 안에서 저는 이 땅의 전쟁과 분단이 끝났다는 사실을 느끼고, 평화를 마음껏 누릴 것입니다. 그 옆자리에 여러분도 함께하길 바랍니다.

◆ 나가며 ◆
시간이 지나면 지금 이 순간도 역사가 될까요?

우리는 매일 뉴스에서 새로운 사건을 접합니다. 정치, 사회, 경제, 환경… 다양한 분야에서 많은 일들이 벌어지고 있어요. 그런데 이 사건들도 시간이 지나면 모두 '역사'가 됩니다. 그리고 언젠가, 여러분이 살아가는 오늘 하루도 역사책에 담길 수 있겠지요.

역사는 과거의 크고 위대한 사건만을 다루는 것이 아니에요. 이름이 알려지지 않은 수많은 사람들의 작고 평범한 순간들이 모여 커다란 시간을 이루었고, 그것이 곧 역사가 되었거든요. 그러니 역사는 먼 옛날에 있었던 지루한

이야기가 아니라 바로 여러분의 삶의 이야기예요.

역사는 우리에게 말해 줍니다. 과거보다 나은 오늘이 있었던 것처럼, 더 나은 내일이 반드시 올 거라고요. 우리의 근현대사만 바라보더라도 백여 년 동안 우리는 과거보다 훨씬 많은 자유를 얻으며 앞으로 나아가고 있잖아요.

그러니 이제는 이렇게 생각해 보면 어떨까요? 역사는 시간을 따라가는 공부가 아니라 사람을 이해하는 공부라고요. 그리고 그 속에서 나와 우리를 찾아가는 공부이기도 하다고요.

사진 출처

72쪽: 손병희 - 한국학중앙연구원
92쪽: 의열단 - 독립기념관
132쪽: 윤상원 - 윤상원기념사업회
154쪽: 금모으기운동 - 옹진군청
192쪽: 김대중 - 국가기록원

우리가 꼭 알아야 할 지금 근현대사

초판 1쇄 발행 2025년 6월 25일
초판 4쇄 발행 2025년 9월 19일

글 최태성 그림 신진호 감수 별★별 한국사 연구소(곽승연 이상선 김혜진 권혜성)

펴낸이 김선식
펴낸곳 다산북스

부사장 김은영
어린이사업부총괄이사 이유남
책임편집 마정훈 **디자인** 강민영 **책임마케터** 안호성
어린이콘텐츠사업5팀장 이현정 **어린이콘텐츠사업5팀** 조문경 마정훈 조현진 강민영
어린이마케팅본부장 최민용 **어린이마케팅1팀** 안호성 이예주 김희연
미디어홍보본부장 정명찬
편집관리팀 조세현 김호주 백설희 **저작권팀** 성민경 이슬 윤제희 **기획마케팅팀** 류승은 박상준
재무관리팀 하미선 임혜정 이슬기 김주영 오지수
인사총무팀 강미숙 이정환 김혜진 황종원
제작관리팀 이소현 김소영 김진경 이지우 황인우 유미애
물류관리팀 김형기 김선진 주정훈 양문현 채원석 박재연 이준희

펴낸곳 다산북스 **출판등록** 2005년 12월 23일 제313-2005-00277호
주소 경기도 파주시 회동길 490 **전화** 02-704-1724 **팩스** 02-703-2219
다산어린이 공식 카페 cafe.naver.com/dasankids **다산어린이 공식 블로그** blog.naver.com/stdasan
종이 스마일몬스터 **인쇄 및 제본** 상지사 **후가공** 평창피엔지

ⓒ 최태성·신진호, 2025
ISBN 979-11-306-6785-0 73910

• 책값은 뒤표지에 있습니다.
• 파본은 본사 또는 구입한 서점에서 교환해 드립니다.
• KC마크는 이 제품이 공통안전기준에 적합하였음을 의미합니다.
• 아이들이 책을 입에 대거나 모서리에 다치지 않게 주의하세요.

책을 더 재미있게, 책을 더 오래 기억하는 방법
다산어린이 공식 카페에는 다양한 독서 활동 자료가 있습니다.
자료를 활용하여 아이들의 독서 흥미를 더욱 키워 주세요.

출간 즉시 베스트셀러

어린이 역사 분야 1위!

어린이의 미래에 필요한 모든 답은
역사에 있다!

30만 독자를 사로잡은 《역사의 쓸모》
어린이를 위해 돌아오다!

어린이를 위한 역사의 쓸모 시즌 1

어린이를 위한 역사의 쓸모 시즌 2
(인생 편)

어린이를 위한 역사의 쓸모 시즌 1: 전3권

**어린이를 위한 역사의 쓸모 시즌 2
(인생 편): 전 5권**

이 책을 통해 얻을 수 있는 3가지

◆ 역사 속 사람들과 함께 찾아가는 나의 꿈
◆ 과거를 바라보며 현재를 이겨 내는 용기
◆ 억지로 외우지 않고 자연스럽게 배우는
   역사의 지혜

우리 아이 첫 ★ 한국사

최태성 선생님과 함께라면
역사를 바라보는 눈이 깊어집니다!

재미있고 균형 잡힌 한국사 첫걸음

이제 **한능검 한국사**와 함께

내디뎌 보세요!